L'ABBÉ PETIT

PARIS. — E. DE SOYE ET FILS, IMPR., 18, R. DES FOSSÉS-S.-JACQUES.

NOTES ET SOUVENIRS

SUR

L'ABBÉ PETIT

CHANOINE, VICAIRE GÉNÉRAL
CHANCELIER DE L'ARCHEVÊCHÉ DE PARIS

Mort à Jérusalem le 11 octobre 1888

PAR

L'ABBÉ TAPIE
CHANOINE HONORAIRE
DIRECTEUR DU PETIT SÉMINAIRE DE PARIS

PRÉCÉDÉS DE LETTRES DE SON ÉMINENCE LE CARDINAL PLACE, ARCHEVÊQUE DE RENNES
ET DE SON ÉMINENCE LE CARDINAL FOULON, ARCHEVÊQUE DE LYON

Deuxième édition.

PARIS
BUREAUX DE *LA SEMAINE RELIGIEUSE*
18, RUE DES FOSSÉS-SAINT-JACQUES, 18

1889

LETTRE
DE
SON ÉMINENCE LE CARDINAL PLACE

ARCHEVÊCHÉ DE RENNES
DOL ET SAINT-MALO

Rennes, 2 juin 1889.

Mon bon et cher ami,

Par une de ces délicates et affectueuses attentions dont vous êtes coutumier envers moi, vous avez voulu que j'eusse la primeur de vos *Notes et Souvenirs sur M. Petit*. Vous m'en avez communiqué les *bonnes feuilles* dont j'ai aussitôt, toute affaire cessante, entrepris la lecture que je viens d'achever. Je suis allé d'une seule traite de la première page à la dernière sans omettre même une note.

C'est vous dire, mon cher ami, en même

temps que le prix qu'a pour moi un travail de vous, quel intérêt j'ai pris à ces pages. Vous aviez tous les titres pour les écrire et vous l'avez bien fait, sans appareil de rhétorique et sans faste de style, vous bornant à raconter ou mieux à faire passer sous les yeux, dans la transparence d'un récit alerte et aisé, une vie qui ne pouvait être mieux louée que par elle-même.

Je connaissais, appréciais et aimais M. Petit; je vous remercie de l'avoir rappelé et d'avoir dit aussi comment les sentiments qu'il me témoigna constamment répondaient à ceux que j'avais pour lui.

Les quelques mois qu'il passa, n'étant encore que diacre, comme président d'étude au Petit Séminaire Notre-Dame des Champs, dont j'étais alors supérieur, m'avaient inspiré pour lui tant d'estime et de confiance que j'eus, j'en fais humblement la confession, quelque peine à me défendre d'un peu d'humeur quand, au lendemain de son ordination sacerdotale, on me l'enleva pour l'attacher au secrétariat de l'Archevêché.

Nos relations, ainsi que vous en faites la remarque, n'ont depuis lors jamais été interrompues et le temps ne cessa d'ajouter à la cordialité qui en avait été tout d'abord le caractère.

Je fus heureux de le voir supérieur ecclésiastique du couvent du Roule, et vous n'exagérez ni les services qu'il rendit à cette chère Maison, ni la vénération dont il y était l'objet.

Votre livre toutefois me le fait mieux connaître encore; je ne savais pas tout ce que j'ai été profondément édifié d'en apprendre.

Ses lettres écrites pendant sa captivité comme otage de la Commune sont admirables; les sentiments qu'il y exprime, comme ceux dans lesquels il est mort à Jérusalem, sont d'un saint.

Tous ceux, en si grand nombre, qui l'entouraient d'affection et de respect, qui l'ont pleuré et conservent religieusement sa mémoire, vous sauront gré d'avoir recueilli et publié ces souvenirs; je vous en remercie pour ma part et vous en félicite. Vous n'aurez pas seulement acquitté un tribut de l'amitié, vous aurez fait du bien.

Votre récit consolera les amis du regretté défunt; les prêtres y trouveront un modèle de l'esprit et des vertus de leur état; et si ces pages viennent à tomber sous les yeux de quelque adversaire du clergé catholique, il sera forcé, au moins dans le fond de sa conscience, de reconnaître l'injustice de ses préventions, de ses défiances et peut-être de ses haines.

Veuillez agréer, mon bon et cher ami, l'assurance de mes toujours bien affectueux et bien dévoués sentiments en Notre-Seigneur.

† Charles-Philippe, cardinal Place,
Archevêque de Rennes, Dol et Saint-Malo.

LETTRE

DE

SON EM. LE CARDINAL FOULON

ARCHEVÊCHÉ
DE
LYON

Lyon, le 5 juin 1889.

Mon cher ami,

J'ai lu avec un très vif intérêt et une réelle émotion le livre que vous avez consacré à la mémoire de l'excellent abbé Petit.

Vous savez dans quelle aimable intimité j'ai vécu avec lui pendant de longues années. Depuis le temps où je l'ai eu pour élève au Petit Séminaire de Notre-Dame des Champs, — il y a de cela plus d'un tiers de siècle, — jusqu'au dernier jour de sa vie, je n'ai pas cessé d'entretenir avec lui les plus affectueuses relations. C'est vous dire que je l'appréciais depuis longtemps et que je rends hommage, en connaissance de cause, à la fidélité de vos souvenirs et à la manière dont vous jugez l'homme, l'ami et le prêtre.

Il avait de rares qualités d'intelligence, sans parler de ses aptitudes pour l'administration où il a excellé.

Mais c'est là la moindre partie de son éloge. Il faut surtout louer son grand cœur, son désintéressement et son dévouement à toute épreuve, son grand esprit de foi, sa piété profonde, son amour des âmes, son zèle industrieux et si tendre, pour ramener à Dieu celles qui en étaient le plus éloignées, car c'est à celles-là qu'allaient ses préférences; enfin, sa bonté à la fois suave et virile, active et enjouée, pleine de délicatesse et de décision. La bonté était le fond de sa nature merveilleusement transfigurée par la grâce et élevée à l'héroïsme par les épreuves dont Dieu a semé sa vie, depuis la Commune de Paris jusqu'au pèlerinage de Jérusalem. Toutes ces choses, vous les avez fait voir avec beaucoup d'intérêt dans votre récit. Elles avaient été dites mieux que je ne pourrais le faire dans la lettre fort touchante de Son Em. le cardinal Richard, lettre que vous avez eu la bonne pensée de donner comme épilogue de votre ouvrage.

Je n'ai donc rien à ajouter au concert d'éloges et à l'unanimité de regrets qui ont éclaté de toutes parts à la nouvelle de l'immense perte qu'a faite le diocèse de Paris en la personne du vénéré chancelier de l'Archevêché.

Laissez-moi cependant vous féliciter d'avoir fait revivre, dans un style vivant et sans prétention, avec tant de sincérité et une exactitude absolue, cette figure si complètement sympathique d'un ami véritable et d'un prêtre selon le cœur de Dieu.

Dans votre livre, comme vous écrivait Son Em. le cardinal Place, « les prêtres trouveront un modèle de l'esprit et des vertus de leur état ». J'ajoute avec l'éminent prélat qu'en publiant vos *Notes* et *Souvenirs*, « vous n'aurez pas seulement acquitté un tribut de l'amitié, vous aurez fait du bien ».

Croyez-moi bien affectueusement à vous,

Joseph, card. Foulon,

Arch. de Lyon.

L'ABBÉ PETIT

I

PENDANT les vacances de 1848, un séminariste de Saint-Sulpice assistait à une profession religieuse dans la communauté qui dessert l'Hôtel-Dieu, à Laon. Ce jeune abbé, sous-diacre, croyons-nous, n'était pas un inconnu pour les bonnes religieuses. Elles l'avaient vu, quelques années auparavant, comme malade, mais sous l'uniforme d'artilleur qu'il avait quitté pour entrer dans l'état ecclésiastique. Volontiers il revenait voir, sous son nouvel habit, les vaillantes Sœurs qui avaient eu de si bons soins pour le pauvre soldat. Une de ces visites coïncida avec la cérémonie de prise d'habit et de profession. Après cette cérémonie, une des religieuses qui venaient de prononcer leurs vœux présenta au sous-diacre de Saint-Sulpice son frère, âgé de quinze ans, disant que lui aussi voulait être prêtre, mais que le manque de ressources ne lui permettait point de faire ses études et de suivre sa vocation. « Mon enfant, dit le séminariste, en embrassant le jeune adolescent, quand je serai prêtre tu viendras avec moi. » Ce séminariste était M. Ducastel, mort il y a douze ans, chanoine honoraire de Paris et curé de Saint-Jacques du Haut-Pas ; le jeune homme était M. Edouard Petit, chanoine de Notre-Dame, vicaire général de Paris, chancelier de l'Archevêché, né à Beaurain, canton de Guise (Aisne), en 1833, et mort à Jérusalem, le 11 octobre 1888.

Nous avons peu de détails sur l'enfance de M. Petit. Nous savons seulement qu'il est né de parents chrétiens, modestes artisans de village. Il aimait à rappeler qu'il était venu au monde le jour de sainte Agnès, le 21 janvier, et qu'il avait été baptisé le jour de sainte Scholastique, le 10 février. Aussi eut-il toujours une grande dévotion pour ces deux Saintes, et jamais ces deux dates ne passèrent inaperçues pour lui. Volontiers, il consacrait une de ces deux *journées bénies* à sa sœur de Laon (1). Il était encore tout petit enfant que le curé de Beaurain remarqua son goût pour les choses de Dieu et de l'Église, et le choisit comme enfant de chœur. Il n'avait pas cinq ans lorsqu'il chanta, en 1837, l'épître à la grand'messe du jour de Pâques. Il en fut si fier et « si heureux, qu'il le disait à tout le monde ». Sa première communion fut pieuse et recueillie, et, dès ce moment, il se consacra

(1) M. Petit conservait, dans sa chambre, un petit cadre où étaient inscrits ce qu'il appelait ses *jours bénis*. Ses neveux, M. et Mme Delaby, conservent religieusement ce cadre où nous avons lu les dates suivantes :

Naissance.	21 janvier	1833.
Baptême.	10 février	1833.
Première communion.	29 mai	1845.
Confirmation. . . .	1er juin	1845.
Tonsure.	6 juin	1858.
Ordres mineurs. . .	17 juin	1859.
Sous-diaconat. . . .	2 juin	1860.
Diaconat.	25 mai	1861.
Prêtrise.	21 décembre	1861.

à la sainte Vierge. Le jour où sa sœur quitta la maison paternelle, pour embrasser la vie religieuse, il lui déclara qu'il voulait être prêtre. L'instituteur de son village fut son premier maître. Mais sa vocation eût été, probablement, perdue, sans la providentielle intervention de M. Ducastel. A partir du jour de cette rencontre, le curé de Beaurain commença à lui donner, avec succès, les premières notions de latin.

M. Ducastel tint parole, et, deux mois après son ordination, en 1850, devenu vicaire de Notre-Dame par la désignation du vénérable M. Carbon, directeur de Saint-Sulpice, il alla lui-même chercher, en Picardie, le frère de la Religieuse de l'Hôtel-Dieu de Laon; et, « à partir de ce moment, l'eut complètement à sa charge ». Ses ressources étaient plus que modestes, au début surtout! Le nouveau vicaire et son jeune protégé occupaient, joyeux, un appartement de la rue Chanoinesse, l'un donnant son temps au saint ministère, l'autre suivant, comme externe, les cours du lycée Saint-

Louis. Entre temps, celui-ci s'employait au ménage de son protecteur qui, se ressouvenant lui-même qu'il avait été militaire, prenait une large part de la besogne domestique (1).

Mais les labeurs et les privations de l'année n'empêchaient pas le vicaire et son élève de prendre quelques jours de vacances. Ils firent alors, à pied, le sac au dos, de joyeuses et économiques excursions, ou de pieux pèlerinages en Normandie et en Bretagne.

C'était le beau temps, celui de la jeunesse, dont on aimait à parler. Encore dans ces derniers jours, nous entendions M. Legrand, ancien archiprêtre de Notre-Dame, rappeler le souvenir du vaillant vicaire et de son aimable et gracieux élève.

L'influence de M. Ducastel fut souveraine sur

(1) M. Beurlier, professeur à l'Institut catholique, fait allusion à ces détails dans son spirituel compte rendu de l'association des anciens élèves du Petit-Séminaire : « La cuisine faite par les deux amis, dit-il, ne devait pas valoir celle d'un cordon bleu, surtout si parfois, comme le raconte la chronique, ils remplaçaient dans le potage le beurre par du savon. »

M. Petit. C'était pour lui un père, un maître, un modèle. M. Ducastel était un homme de foi ardente, dur à lui-même, doux et bienveillant pour les autres, serviable pour tous, surtout pour les humbles et les pauvres. M. Petit fut tout cela, mais avec les formes et les nuances adoucies qui manquaient au modèle, lequel conserva toujours une empreinte visible de sa vocation première. L'un, à l'exemple de l'autre, alla toujours au bien avec l'entrain et l'enjouement d'un brave. La franchise et la loyauté étaient, avec la bonté, ce qu'on appréciait d'abord dans leurs personnes. Tous les deux aimaient mieux heurter par la franchise que plaire par la flatterie. M. Ducastel était généreux, large, le cœur et la main toujours ouverts, ennemi du luxe; tel aussi M. Petit. Chez les deux, la foi était vive et pratique et, l'un, à l'imitation de l'autre, eut un grand amour pour l'austérité et la mortification.

M. Ducastel n'admit jamais, pour lui, les tempéraments que l'Église accorde pour l'abstinence en Carême; nous l'avons vu, les dimanches de la sainte Quarantaine, ayant à sa table des convives moins rigides, se faire servir en maigre en toute simplicité. M. Petit l'imita toujours, en ce point, ajoutant, plus tard, à cette austérité, l'observation des jeûnes et abstinences prescrits par la règle du Tiers-Ordre de Saint-François, et, cela avec joie, sans ostentation aucune, n'imposant pas à ses hôtes ou amis le régime qu'il s'imposait à lui-même. « Pourquoi faites-vous telle œuvre? Pourquoi protégez-vous telle personne? » demandait-on souvent à M. Petit. — « C'est une œuvre, c'est une protégée de M. Ducastel », était sa réponse. Sa reconnaissance pour son bienfaiteur fut un culte pour lui. C'est le culte des grandes et belles âmes !

Un autre caractère, commun à ces deux saints prêtres, était l'amour de l'Église. L'Église était vraiment la patrie de leurs âmes. M. Petit revenait sans cesse à cette pensée dans ses conversations, dans ses allocutions, surtout les dernières années de sa vie. Avec quel cœur et quel élan ! Ceux qui l'ont entendu peuvent, seuls, le dire, et les échos des couvents de Montrouge, de l'Abbaye-au-Bois, du Roule, des Oiseaux et de l'avenue de Breteuil le répètent encore !

Deux modestes négociants de la rue de Constantine, M. et Mme Renoult, amis de M. Ducastel, voulurent s'associer à lui pour l'éducation de son protégé. Il remplaça, pour eux, une enfant unique, ravie par la mort à la fleur de l'âge. M. Renoult ne manqua jamais de visiter, chaque dimanche, « son Édouard », au Petit et au Grand-Séminaire, ne demandant à Dieu que de vivre assez longtemps pour le voir monter à l'autel. Il n'eut pas ce bonheur. Sa veuve, retirée des affaires où elle n'avait pas fait fortune, fut toujours traitée par M. Petit comme une tendre mère. Il ne cessa jamais de veiller à ce qu'un bien-être suffisant régnât dans cet intérieur modeste, où la bonté, la bienveillance et la simplicité étaient les mots d'ordre de chaque jour. Mme Renoult avait pour compagne, plutôt que pour fille de service, une personne qui lui avait consacré sa vie. Cette perle lui avait été donnée par Mme Saint-Louis, la sœur de M. Petit, la religieuse de Laon, qui avait deviné ses grandes qualités; son cœur et ses sentiments étaient des plus délicats et des plus nobles et bien au-dessus de sa condition. Adolescente, — c'était son nom, — mourut quelques années avant sa maîtresse, et son dernier mot fut : « Quel malheur! Que va devenir ma maîtresse sans moi! » Nous retrouverons ces braves cœurs au moment des périls de la Commune. MM. Petit et Ducastel aimaient à se retrouver dans cet intérieur, à certains jours de l'année consacrés par quelque fête ou pieux anniversaire. Les amis qui furent admis à ces réunions, n'en perdront jamais le souvenir.

II

En 1853, M. Ducastel, assuré de la vocation de son élève, obtint pour lui du vénérable M. Millault, supérieur du Petit-Séminaire, son admission à Notre-Dame des Champs. Désormais, plus d'inquiétudes pour son avenir. Dès son entrée, le jeune Édouard Petit se place immédiatement parmi les meilleurs élèves par le talent, la piété, le travail, le bon esprit et l'affabilité; et, ce qui témoigne de l'estime et de l'affection qu'il avait su conquérir, c'est que lui, nouveau venu et encore sur les bancs de la troisième, obtint le prix d'honneur décerné, d'après le suffrage des élèves, sous le contrôle des maîtres. La congrégation du Sacré-Cœur, établie surtout pour les jeunes gens qui se destinent à l'état ecclésiastique, lui fut ouverte dès cette première année, et il en devint plus tard le préfet. Une maladie très grave faillit arrêter ces études si bien commencées, et c'est ce qui explique pourquoi le nom d'Édouard Petit ne figure point dans *le Palmarès* de 1854-1855. Il y reparaît, et à la première place, en 1856. M. Petit avait alors pour professeur M. l'abbé Foulon, aujourd'hui cardinal et archevêque de Lyon. Nous trouvons, sur le cahier des places de la maison, la note sur Édouard Petit, donnée par le professeur de rhétorique, à la fin de l'année scolaire de 1856. Elle dit bien ce que fut M. Petit à Notre-Dame des Champs, et quelle action gracieuse et bienfaisante il exerça sur ses condisciples : « Mentor sans austérité, il pratique à la lettre le précepte d'Horace : *Ridentem dicere verum.* C'est un bon jeune homme, aimé de ses condisciples à cause de la facilité de ses rapports, et de qui j'emporte le souvenir le plus affectueux. »

Ce souvenir était devenu une véritable amitié. En partant pour Jérusalem, M. Petit aurait voulu revoir, encore une fois, son ancien professeur pour lui demander une dernière bénédiction. « J'avais l'intention de m'arrêter un jour à Lyon, écrivait-il à un ami, mais puisque Mgr Foulon est absent, je passe outre. » Mgr l'Archevêque de Lyon, qui a connu le désir et le regret de M. Petit, a voulu témoigner du chagrin que lui causait la mort de son ancien disciple, devenu son ami, en assistant au service célébré, le 19 octobre, à la métropole, pour le repos de son âme.

M. Petit entra en octobre 1856 au séminaire d'Issy avec la plupart de ses condisciples de rhétorique. Il fut aussi parfait séminariste qu'il avait été écolier modèle. Travail, piété, tenue modeste et recueillie, fidèle et scrupuleuse observation de la règle, il eut tout cela sans perdre cette affabilité et cette humeur enjouée qui faisaient le fond de son caractère. Dès cette époque, « il essayait de faire plaisir à tout le monde », règle de conduite qu'il a gardée jusqu'à ses derniers moments. Aussi ses supérieurs le choisirent-ils comme infirmier, dès sa seconde année de philosophie. Il faisait bon être soigné par lui ! Mais aussi il avait été formé à bonne école ! Il voyait sa sœur, Mme Saint-Louis, passer sa vie au milieu des malades, à l'Hôtel-Dieu de Laon ; et, plus d'une fois il avait aidé M. Ducastel à faire le lit des malades pauvres qu'ils visitaient ensemble. Au séminaire Saint-Sulpice, M. Petit faisait le sacrifice d'une partie de ses récréations, la meilleure, pour aller la passer auprès d'un directeur paralytique, qui ne pouvait guère témoigner de sa reconnaissance que par son aimable sourire et la pénétrante douceur de son regard. Plus tard, déjà secrétaire de l'Archevêché, « on le vit, malgré ses occupations, visiter chaque jour, pendant près d'un an, le vénérable abbé Hugues, ancien curé de Sainte-Valère, atteint d'une douloureuse maladie. Non seulement il apportait au vieillard joie et consolation, mais il lui rendait encore les services que réclamait son état, et cela avec la délicatesse d'un fils dévoué (1) ».

(1) Ce détail est emprunté à une courte mais intéressante notice publiée par les soins de la Directrice des

Quels ne furent pas, pendant toute sa vie, son respect, son affection et son absolue déférence pour son directeur spirituel, M. Grandvaux! Quel enfant lui fut plus fidèle jusqu'au dernier jour de la vie! Faire plaisir à M. Grandvaux, prévenir en tout ses désirs, était une de ses douces préoccupations!

Au reste, M. Petit conserva toujours l'empreinte de Saint-Sulpice, et resta fidèle à l'esprit et aux pratiques du Grand-Séminaire. D'abord, il en conserva la simplicité dans sa tenue et son ameublement; ses amis savent combien était modeste son installation à l'Archevêché. Son mobilier, plus que restreint les quinze premières années, ne devint un peu plus considérable, sans être jamais superflu, que parce qu'il voulut conserver quelques meubles venant de M. Ducastel Du mobilier du cardinal, dont il put également disposer, il ne conserva strictement que les objets que

enfants de Marie du Roule. L'auteur a quelquefois profité de nos notes et documents. Nous lui ferons, à notre tour, quelques emprunts.

Mgr Guibert lui avait imposé de garder. Tout le reste, il le distribua aux parents, aux familiers du cardinal, aux membres de l'administration diocésaine. Il ne voulait pas manquer à la simplicité, et il voulait faire plaisir autour de lui. « J'aimerais bien garder tel ou tel objet, mais il sera très agréable à tel ou tel de ces messieurs ! »

Son règlement particulier ne varia guère. Chaque matin, il était levé à 4 heures. En souvenir des premières années passées avec M. Ducastel, et aussi par humilité, il voulut toujours faire son lit. Jusqu'à 6 heures, méditation et lecture de la sainte Écriture. Il aimait surtout à lire et relire la Passion de Notre-Seigneur. Il ne se lassait point de cette méditation pendant la captivité de la Commune, et ce sont ces pages de l'Évangile qu'il réclamait encore les jours qui précédèrent sa mort. La lecture spirituelle et la visite au Saint-Sacrement, avec la récitation du Bréviaire, et, dans ces dernières années, les pratiques du Tiers Ordre de Saint-François complétaient sa journée au point de vue de la piété. Pour ses lectures spirituelles, les livres des vieux auteurs avaient sa préférence. Pendant sa captivité, il se fit apporter les *Conférences sur les Grandeurs de la Sainte Vierge* de Dargentan. Parmi les modernes, c'est le P. Faber qu'il aimait le mieux. C'était, dans les derniers temps, sa lecture spirituelle la plus habituelle, et volontiers il s'en inspirait dans ses allocutions pieuses.

Les voyages ne modifiaient point son règlement dans ses lignes essentielles. Il était agréable compagnon de route, d'humeur toujours égale et plein d'entrain, et ceux qui ont été de voyage ou de pèlerinage avec lui, savent avec quelle bonne grâce il savait mettre fin aux conversations les plus gaies pour dire le Bréviaire ou réciter le Chapelet.

C'est assez dire qu'il ne manquait point à la retraite annuelle. « Chacun de ces exercices était l'occasion d'une revue sur lui-même, d'une discussion sévère de tous ses actes, de toutes ses paroles, de toutes ses pensées », dans le but de rendre sa vie de plus en plus conforme aux grands exemples des prêtres qui furent les modèles du clergé. N'ayant pu trouver, l'année de la guerre et du siège, le temps nécessaire pour faire cet inventaire spirituel, il employa avec bonheur à ce travail intime les premiers jours de sa captivité. Il « trouve dans sa prison, écrit-il, des loisirs qui » lui « sont très précieux ». « C'est ainsi que je puis suppléer à la retraite que nous n'avons pas faite cette année. »

III

Monsieur Petit n'était pas encore prêtre lorsqu'il fut appelé, en octobre 1861, en qualité de professeur au Petit-Séminaire de Notre-Dame des Champs, par M. l'abbé Place, successeur de M. Millault, aujourd'hui, cardinal et archevêque de Rennes. M. Place, qui ne connaissait M. Petit que par le bien que son directeur, M. Foulon, lui en avait dit, l'apprécia, par lui-même, dès qu'il le vit à l'œuvre, et ne tarda pas à lui donner son affection et sa confiance. Ces deux âmes droites et loyales, vives et ardentes tout à la fois, sans cesser d'être prudentes et modérées, étaient faites pour s'entendre, et l'harmonie une fois établie ne cessa jamais. Les relations ne furent pas non plus interrompues. Auditeur de Rote, évêque de Marseille, Mgr Place aimait à revoir, à chacun de ses voyages à Paris, son ancien professeur, devenu secrétaire de l'Archevêché. Mais ces rapports devinrent encore plus fréquents, plus intimes et plus affectueux, sans que la condescendance de l'un affaiblit le respect de l'autre, lorsque M. Petit devint supérieur du couvent du Roule. Cette maison, on le sait, eut pendant plusieurs années, M. Place pour aumônier. Nous ne serons contredit par personne, si nous affirmons qu'elle doit sa prospérité à l'élan qu'elle reçut de la supérieure de cette époque, Mère des Anges, conseillée, encouragée, soutenue par son éminent aumônier.

Au reste, celui-ci, pour être éloigné de la maison, n'en a jamais été séparé. Son cœur est resté là, et c'est là encore que le vénérable cardinal se repose, quelques jours chaque année, des laborieux travaux de l'épiscopat. Aussi, sa satisfaction fut-elle grande, quand il sut que le cher troupeau était confié à M. Petit. C'est dire, par conséquent, qu'il partagea les douloureuses appréhensions des bonnes religieuses du Roule, lorsqu'arrivèrent les premières mauvaises nouvelles de Jérusalem. « J'ai besoin d'espérer, écrivait-il à un ami commun, que les nouvelles du cher abbé Petit sont devenues complètement bonnes. » Sa première question à Mgr Richard, à Orléans, le 10 octobre (1), fut de lui demander s'il avait des dépêches rassurantes de son vicaire général. Il fut des premiers, le 13 octobre, à connaître, au couvent du Roule, le malheur, des premiers aussi à prier, avec la communauté, pour le repos de son âme.

M. Petit ne fit que passer, comme maître, dans la maison de Notre-Dame des Champs, où il avait laissé de si excellents souvenirs comme écolier. Le cardinal Morlot, archevêque de Paris, qui l'avait eu pour lecteur, pendant sa villégiature au château d'Issy, n'avait pas oublié son amabilité et sa distinction. Aussi pensa-t-il à lui au premier vide qui se fit parmi les secrétaires de l'Archevêché.

(1) Veille de la solennelle inauguration du monument de Mgr Dupanloup.

C'était à la fin de décembre, sa nomination porte la date du jour de Noël 1861. Ordonné le 22 décembre, il dit sa première messe au Petit-Séminaire et n'entra à l'Archevêché que le 26; mais la moitié de son cœur resta toujours à Notre-Dame des Champs, et toujours il eut une spéciale affection pour une maison qui fut sienne.

Chargé, plus tard, par les archevêques des petits séminaires, il se plut à rendre, plus qu'au centuple, à celui qui l'avait élevé tout le bien qu'il en avait reçu.

Voici un trait qui témoigne de sa sympathie pour Notre-Dame des Champs. Un jour, il voit venir à lui un prêtre de grand mérite, patronné par le curé de Saint-Jacques, qu'il avait placé dans une maison d'éducation où il était comblé, avec justice, du reste, d'attentions et d'honneurs. « Monsieur le grand vicaire, il y a, au Petit-Séminaire de Notre-Dame des Champs, une place à ma convenance; on me l'offre, et il dépend de vous qu'elle me soit donnée. Je viens, en toute simplicité, vous la demander. — Comment, Monsieur, répond M. Petit avec humeur et d'un air vivement contrarié, vous songez à quitter une maison où je vous ai placé et où l'on a de si bons procédés pour vous? Ce n'est pas bien, Monsieur. » Le solliciteur reste imperturbable : « C'est vrai, Monsieur le grand vicaire; on est plein de bontés pour moi, mais je connais Notre-Dame des Champs, l'air et l'esprit m'en plaisent. J'y ai des amis, on m'y désire, et mon ambition serait d'y entrer. » Ne pouvant plus douter de cette résolution, M. Petit change de ton et de visage, et embrassant son interlocuteur : « A votre place, j'agirais comme vous. Vous serez professeur à Notre-Dame des Champs. »

Il ne comprenait pas que tous les anciens élèves n'eussent pas la même reconnaissance que lui (1). Il ne choisit pas une autre maison

(1) Il s'intéressait à tout ce qui touchait le Petit-Séminaire. C'est assez dire qu'il approuva la fondation de l'*Association des Anciens élèves*, destinée surtout à perpétuer leurs relations amicales. Chaque année, il souscrivait au banquet et, volontiers, il venait à ces réunions

quand il fut question de l'éducation d'un petit neveu bien-aimé. Et une des joies de son cœur fut de présider à la cérémonie de la première communion de cet enfant. Se souvenant, dans quelles conditions il avait été élevé au Petit-Séminaire, sa bienveillance allait surtout aux enfants les moins bien partagés du côté de la fortune. Le supérieur de Notre-Dame des Champs et son économe pourraient dire quelles furent ses attentions pour ces élèves.

Est-il besoin d'ajouter que la sympathie et les bienfaits de M. Petit n'eurent rien d'exclusif, et que le supérieur, les maîtres et élèves du Petit-Séminaire Saint-Nicolas bénissent, pour les mêmes motifs, sa mémoire? A ce point de vue, on a pu dire, avec autant d'esprit que de vérité : « *Qu'il préférait également les deux maisons.* »

M. Petit trouva autour du cardinal Morlot

où il rencontrait ses anciens condisciples restés dans le monde.

Ceux-ci, de leur côté, se faisaient une fête de retrouver « le bon abbé Petit ».

des prêtres aimables et distingués, qui le prirent en grande amitié : M. Buquet, homme antique, prêtre vénérable, plein de cœur et d'intelligence, de bon sens et de modération, mort évêque *in partibus* de Parium ; M. Véron, mort en 1867 curé de Saint-Vincent de Paul ; M. Langénieux, aujourd'hui cardinal et archevêque de Reims ; M. Le Rebours, aujourd'hui curé de la Madeleine ; M. Lagarde, mort archidiacre de Notre-Dame, etc. Mais il se lia surtout avec Mgr Surat, qui fut martyr de la Commune ; l'abbé de Cuttoli, si doux et si fin, si pieux et si intelligent, si discret et si dévoué, mort en 1871 évêque d'Ajaccio, après quelques mois d'épiscopat (1) ; avec M. Le Mée, âme d'apôtre,

(1) « Pressé, en 1869, dit Mgr Foulon, d'accepter l'évêché d'Ajaccio pour lequel on le désignait depuis longtemps, M. de Cuttoli ne s'y détermina qu'après les vives instances de l'Archevêque de Paris lui-même. Pour tous les deux cependant la séparation était un réel sacrifice. Pour Mgr Darboy ce fut une bien grande douleur ajoutée à ses angoisses patriotiques, d'apprendre après la levée du siège de Paris, que l'Evêque d'Ajaccio était mort de la petite vérole au bout de trois mois seulement d'épiscopat. Quelque tristes que fussent les circonstances dans lesquelles succomba Mgr de Cuttoli, il faut cepen-

que le Séminaire des Missions-Étrangères ne tarda pas à réclamer. Il partit pour l'Extrême-Orient, laissant M. Petit pour le suppléer

dant le féliciter d'avoir ignoré les odieux attentats de la Commune et l'assassinat de l'illustre prélat qu'il avait tant aimé (1). »

Nous avons trouvé la dernière lettre que le nouvel évêque a sans doute écrite à M. Petit, qui dut la recevoir peu de jours avant l'investissement de Paris. Mgr de Cuttoli était attaché au régime que renversait la révolution du 4 septembre et il était personnellement connu et apprécié aux Tuileries. A ces motifs particuliers de chagrin s'ajoutait, en les dominant tous, la douleur de la défaite et de l'invasion de la France. On sent tout cela dans les lignes qu'il adresse à M. Petit.

« 6 septembre 1870.

ÉVÊCHÉ D'AJACCIO

—

« Cher ami,

« Quelles tristesses et quelles amertumes! Combien je regrette de ne pas me trouver à cette heure près de vous tous!

« Ici, tout a été bien pour mon arrivée, vous auriez été heureux et fier de voir cela. Mais depuis la pauvre France!!!

« J'ai des larmes dans les yeux... Je m'arrête. Ecrivez-moi vite des nouvelles de tous. Je vous embrasse.

« † PAUL. »

(1) *Vie et Œuvres de Mgr Darboy*, p. 281.

2

auprès des siens. Sa confiance ne fut pas trompée. M. Le Mée est, à cette heure, curé de la cathédrale de Saïgon. La nouvelle de la mort de son ami a renouvelé, en l'augmentant, le chagrin de la première séparation.

Nous avons, sous les yeux, un groupe photographique, format carte de visite, représentant les quatre secrétaires en 1862 : MM. Lagarde, de Cuttoli, Le Mée, Petit. Il fut fait au moment où M. Le Mée entra au Séminaire de la rue du Bac.

D'après les prévisions humaines, celui qui devait le premier payer son tribut à la mort, c'était le missionnaire, et le P. Le Mée est le seul qui survive à ses trois amis. Il est venu à Paris, il y a trois ans, pour les affaires de son Église et il a eu le bonheur de revoir M. Petit. Ce lui est une consolation à cette heure.

M. Pelgé, le plus ancien membre de l'administration après M. Petit, n'entra à l'Archevêché qu'en 1863; mais, à partir de ce moment, ils travaillèrent ensemble, et le clergé de Paris ne les sépara point, pendant vingt-cinq ans, dans son respect et son affection.

Mgr Darboy, devenu archevêque de Paris en 1863, continua à M. Petit la confiance et la paternelle affection que lui avait données le cardinal Morlot. De simple secrétaire, il le fit, le 21 novembre 1865, secrétaire général et, quelques mois après, à l'occasion de la fête de saint Georges, le 23 avril 1866, il lui conféra la dignité de chanoine honoraire.

A l'occasion de ce nouvel honneur, nous devons citer un trait de filiale délicatesse de M. Petit. Mgr Darboy n'attendit pas qu'il fût secrétaire général pour lui offrir le camail de chanoine; mais M. Petit refusa respectueusement de l'accepter jusqu'à ce qu'il eût la certitude que M. Ducastel ne tarderait pas à être revêtu du même titre. Il lui répugnait de paraître à la métropole, où M. Ducastel était premier vicaire, à un rang plus élevé que celui auquel il devait tout.

Dès son entrée à l'Archevêché, M. Petit se lia de particulière amitié, nous l'avons dit, avec M. de Cuttoli; et, cette amitié, plus que ses fonctions, fit que Mgr Darboy l'admit dans l'intimité de sa maison. Il habitait alors au couvent du Saint-Sacrement, rue de Monsieur. Plus tard, quand M. Petit fut secrétaire général, sa droiture, sa loyauté, la sûreté de son dévouement, jointes à son aptitude pour le maniement des hommes et des affaires, lui valurent la spéciale amitié et l'absolue confiance de son Archevêque. Il était de toutes les réunions de la famille épiscopale, et Mgr Darboy se plaisait à l'avoir auprès de lui à sa maison de campagne de Créteil. Au reste, M. Petit en était comme l'intendant général. C'est lui qui l'avait organisée avec le concours et souvent par l'inspiration de Mlle Justine Darboy (1).

(1) M. Petit ne porta jamais à cette riche résidence l'affection qu'il eut, plus tard, pour Saint-Prix, et il conseilla au cardinal Guibert, qui ne l'aimait point davantage, de la revendre. C'était une charge sans compensation. Ce fut une perte pour les pauvres de la paroisse de Créteil qui se ressentaient de la villégiature de l'Archevêque de Paris.

M. Petit avait de nombreuses lettres du prélat martyr de la Commune et nous aurions voulu en pouvoir citer plusieurs qui étaient fort intéressantes. Mais nous n'en possédons qu'une douzaine conservées par l'intelligente supercherie d'un ami intime qui les a sauvées, sous prétexte qu'elles n'étaient que de simples autographes. M. Petit, en effet, à plusieurs reprises et surtout au moment de la Commune et du départ pour Jérusalem, par un de ces scrupules de modestie qui ne surprendra point ses amis, tant sa vie en est pleine, a détruit tout ce qui dans ses papiers pouvait tourner à son honneur. Aussi ne trouvera-t-on point, dans cette notice, des lettres de certains personnages considérables et autres qu'il eût été intéressant et édifiant de faire connaître. Que de traits de bonté et de générosité nous aurions connus par la reconnaissance de ceux qui en avaient été l'objet! Que d'éloges mérités, que de louanges délicates nous eussions trouvés dans ces lettres! Nos regrets sont d'autant plus vifs que M. Petit nous en avait laissé lire quelques-unes.

La première lettre de Mgr Darboy est celle où il exprime à M. Petit ses sentiments de condoléance à l'occasion de la mort de sa mère. C'est même par cette lettre que nous avons été fixé sur l'époque de ce triste événement.

ARCHEVÊCHÉ DE PARIS

—

« Paris, le 24 août 1864.

« Cher Monsieur l'abbé,

« Je suis bien affligé du malheur qui vous frappe, et je vous offre mes condoléances affectueuses. Selon le désir que vous m'exprimez, je porterai devant Dieu le souvenir de votre respectable mère et le vôtre aussi. Ayez courage et portez avec foi et énergie sacerdotales l'épreuve qui vous est envoyée : votre bien spirituel en sortira.

« Remettez-vous aussi physiquement de la secousse que la douleur a dû produire sur votre organisation assez débile, et ne nous revenez qu'après un peu de repos.

« Agréez, cher Monsieur l'abbé, mes meilleurs sentiments d'affection.

« † G., *Archevêque de Paris.* »

Les lettres datées de Rome sont plus familières et plus cordiales et d'un ton qui révèle une grande confiance. En général, elles traitent d'affaires. Nous voulons citer, en partie, celle du 9 février 1870, parce qu'elle renferme des détails assez curieux sur son mandement de Carême envoyé de Rome et sur la manière de procéder, au sujet du mandement, pour la grande Aumônerie.

« Rome, 9 février 1870.

« Cher Monsieur Petit,

« Je vous envoie ma prose pour le Carême. Faites composer tout de suite, après avoir complété mon travail, en y ajoutant le dispositif de l'année dernière, avec les modifications que je vais dire : 1° La date des quêtes pour le Pape est précisée. S'il y a lieu de changer quelque chose, faites-le. 2° Au lieu du paragraphe : *On continuera de faire pour le Souverain Pontife les prières accoutumées*, mettre : on continuera, jusqu'à la fin du concile, *selon l'intention du Saint-Père, de réciter à la messe*, toutes les fois que la rubrique le permet, les *Oraisons* de *Spiritu Sancto*. Le reste comme dans l'imprimé de l'année dernière.

« Veuillez corriger les épreuves avec soin. Je ne pense pas qu'il soit nécessaire de me les renvoyer. J'ai relu mon papier ; mon écriture est lisible. On s'y conformera, et, sauf les fautes typographiques que vous corrigerez, tout sera dit...

« Vous aurez à vous entendre avec Mgr Surat, à qui vous remettrez une épreuve le plus tôt possible, afin qu'il communique le dispositif à MM. du Chapitre, selon l'usage.

« Il y a des mesures à prendre pour la Grande Aumônerie, qui fait tirer pour le mandement. A ce sujet, il faudra voir M. Laine. Le mandement pour la Grande Aumônerie sera le même que pour le diocèse, sauf ce qui suit : 1° le titre, qui est celui-ci : Mandement de Mgr le Grand Aumônier, etc.; 2° la salutation qui est : à *tous les fidèles* ou *au clergé et aux fidèles soumis à notre juridiction* (voir l'année précédente); 3° le dispositif, qui sera celui de l'année dernière. Ces corrections faites, cela deviendra le mandement de la Grande Aumônerie et on s'entendra avec M. Laine pour le nombre d'exemplaires à tirer et à envoyer.

« La rubrique de la date, *hors la Porte Flaminienne*, est de rigueur; la maintenir dans les deux mandements.

« Je pense que ces explications suffisent pour résoudre toutes les difficultés qui peuvent survenir. Du reste M. Le Clère se conformera à ce qui s'est fait jusqu'à présent pour les points que j'aurais oubliés. . . . .

« ... Vous êtes bien avare de votre littérature, vous ne m'écrivez pas!

« Tout à vous tous,

« † G., *Archevêque de Paris.* »

Ce mandement de Carême 1870 peut-il être contresigné par M. Petit? On a des doutes à cet égard à l'Archevêché, et on en réfère à Monseigneur. La réponse ne tarde pas.

« Mgr Surat, dans sa dernière lettre, élève des doutes sur la question de savoir si vous pouviez contresigner, à Paris, un mandement écrit à Rome. Je n'y vois pas d'obstacle. Vous déclarez avoir constaté que c'est bien ma prose et que vous avez qualité pour le dire. Après cela, ce n'est pas un sacrement, faites ce qui paraîtra le plus facile.

« Tout à vous,

« † G., *Archevêque de Paris.* »

Encore deux lettres que nous voulons citer. Il est question de l'infirmerie de Marie-Thérèse et de Saint-Prix.

« Rome, 4 mai 1870.

« Cher Monsieur Petit,

« Je vous remercie des vœux que vous avez bien voulu m'adresser à l'occasion de ma fête. Vos prières me feront du bien et me vaudront le secours de Dieu pour supporter le soleil de Rome.

« Ce que vous me dites du legs Charles Vallé en faveur de Marie-Thérèse est on ne peut plus agréable à apprendre. Suivez cette affaire; si ma signature est nécessaire, on attendra bien quelques semaines, je pense.

« Agréez, cher Monsieur Petit, tous mes sentiments d'amitié.

« † G., *Archevêque de Paris.* »

Le 18 juin, nouvelle allusion à cette affaire :

« Je vous remercie des nouvelles que vous me donnez touchant les affaires Vallé et Beau-Desbordes. Nous règlerons les choses à mon retour, qui, je l'espère, aura lieu prochainement, mais sans que je puisse encore rien fixer...

« Tout à vous, cher Monsieur Petit, avec affection.

« † G., *Archevêque de Paris.* »

Ces citations, si incomplètes qu'elles soient, disent assez l'affection et la confiance de Mgr Darboy en son secrétaire général. Ces sentiments allèrent grandissant encore pendant les jours qui suivirent le Concile et surtout pendant le siège de Paris. Son dévouement intelligent et prévoyant et sa courageuse franchise furent grandement précieux en ces temps troublés.

IV

Ce que le diocèse doit à la sagesse, à la prudence et à la prévoyance de son secrétaire général, ce n'est pas à nous qu'il appartient de le dire. Ceux qui savent peuvent lui rendre témoignage; ceux qui ont accepté ses fonctions, après avoir été formés à son école, diront aussi comment il a tout organisé et tout disposé pour rendre leur travail plus facile. Nous ne pouvons ni ne devons insister. L'admirable lettre nécrologique que Mgr l'Archevêque lui a consacrée ne fait que lui rendre justice en disant qu' « *il était doué d'une aptitude remarquable pour la conduite des affaires administratives, et que son activité ne se ralentissait jamais au milieu des sollicitudes et des*

3

relations incessantes de chaque jour. » Lui, si ardent par tempérament, était calme et froid en affaires; et, par suite, d'une rare perspicacité.

Aussi, M. Petit administra les biens de la mense archiépiscopale et du diocèse sans jamais se laisser entraîner à aucun moyen extraordinaire de les augmenter; et, Dieu sait s'il fut sollicité de suivre le courant général, comme tant et de si illustres catholiques! Le bruit même courut, dans le temps, que l'on s'était plaint auprès du vénérable Cardinal de l'attitude, plus que réservée, de M. Petit à l'égard de certaines institutions financières, prospères alors, mais dont le désastre devait causer d'irréparables ruines. Ce n'est pas lui qui eût conseillé l'aliénation d'immeubles diocésains dont la vente n'a pas permis de donner un développement normal à une des plus grandes créations du cardinal Guibert. Nous voulons parler de l'Institut catholique! M. Petit revenait souvent, non sans amertume, sur cette vente des terrains des Carmes, sur lesquels il eût été si facile de construire un petit séminaire ou quelque autre grand établissement d'enseignement.

Faut-il dire que toutes les heures ne furent pas sereines dans l'exercice de ses fonctions. Pourquoi pas? Calme et froid, comme nous venons de le dire, dans l'étude et le maniement des affaires, il ne l'était pas toujours au contact des hommes. Il est difficile, à celui qui tient les cordons d'une bourse ou les clefs d'une caisse, qui contrôle les dépenses, repousse les demandes ou blâme quelquefois le gaspillage, d'être l'ami de tout le monde.

« Personne, dit Mgr Foulon, dans la *Vie de Mgr Darboy*, même parmi les plus parfaits, n'est encore parvenu à contenter tout le monde, et ce n'est pas une consolation médiocre pour ceux qui ont reçu ici-bas une partie quelconque de l'autorité. » M. Petit ne pouvait échapper à la règle générale, surtout à cause de sa nature vive et ardente, généreuse, mais naturellement fière, affectueuse, mais délicate à l'excès. Aussi lui arriva-t-il quelquefois, sans le vouloir ou par le seul fait de l'accomplissement de son devoir, de froisser, au premier abord, ceux qui eurent affaire à lui; mais le calme ne tardait pas à revenir, et, même lorsqu'il avait raison, pour le fond, il faisait tout pour faire oublier la vivacité de la forme. Dès qu'il avait conscience d'avoir dépassé la mesure, sa délicatesse ingénieuse savait trouver promptement le moyen de tout réparer. Il voulait être en paix avec tous, et pardonnait à ceux-mêmes qui avaient porté atteinte à son cœur et à sa fierté naturelle. Quelques jours avant sa mort, il écrivait à un ami à propos d'une affaire où sa loyauté avait été mise en question avec autant d'injustice que de mauvaise foi : « C'est égal, cette affaire où je suis étrangement victime m'a fait de la peine. Grâce à Dieu, je n'en veux à personne. Pourvu que le bon Dieu me fasse à moi-même miséricorde. Il me suffit! »

L'esprit chrétien paraît toujours en M. Petit et domine sa vie. Ceux qui n'ont connu de M. Petit que l'administrateur traitant les affaires, ou qui n'ont eu avec lui que des relations passagères ou de simple politesse, n'ont pas pu deviner la place souveraine que le surnaturel et l'esprit sacerdotal occupaient dans l'ensemble de ses actes. Et si, pour plusieurs personnes, le récit de sa mort a été une révélation et une surprise, c'est qu'elles avaient oublié que la sainteté la plus élevée peut se concilier avec les caractères joyeux et les natures expansives. M. Petit, comme son père et maître M. Ducastel, était de l'école du P. Milleriot, qui disait : « Un saint triste est un triste saint! » — « Prions et soyons contents » était sa devise pendant sa captivité de la Commune; c'était la devise de sa vie.

Nous avons rappelé, car ce n'est pas un panégyrique que nous faisons, les vives saillies de cette ardente et loyale nature, toujours réparées ou compensées par d'aimables procédés ou de prévenantes attentions. Quelques mots, avant de reprendre le fil des événements, sur sa bonté. Un long chapitre ne suffirait pas à renfermer les traits innombrables qui lui ont valu le titre de « bon abbé Petit », que lui donnait le clergé, et de bon « père Petit », par lequel le désignaient les vieillards des Petites-Sœurs des pauvres. Partout où son souvenir est vivant, on ne parle pas de lui en d'autres termes. « Le vénéré cardinal » et « le bon abbé Petit » sont deux formules qu'on trouvera toujours dans le cœur et sur les lèvres des prêtres de Paris et de leur éminent Archevêque.

Facilement il était familier avec les égaux et les inférieurs, et cette forme de la bonté achevait de lui gagner les cœurs. On allait volontiers à lui et toujours il recevait avec une bonne parole et un doux sourire. Les malheureux et les pauvres ne le quittaient qu'en le bénissant : presque toujours ses paroles bienveillantes étaient accompagnées d'une *médaille*, comme il disait, c'est-à-dire d'une pièce de monnaie qui variait de *format* et de *couleur* selon la personne et l'infortune à soulager.

Il avait une particulière compassion pour les ecclésiastiques malheureux, — qu'ils le fussent par leur faute ou par le fait des circonstances et de la malice des hommes. Plus d'une fois, lorsque la justice administrative avait frappé, c'est lui qui s'employait à consoler et à rendre l'expiation et le relèvement plus faciles. Il ne voulait pas qu'on éteignît la mèche qui fumait encore. Démarches pénibles et multipliées, dépenses d'argent, il ne reculait devant aucun sacrifice. Sauver l'honneur et la dignité d'un prêtre! Avec quel cœur et quel zèle il plaidait la cause de ces pauvres disgraciés!

Signalons aussi sa bonté pour les débutants dans le saint ministère.

M. Petit n'avait pas oublié les débuts laborieux de M. Ducastel et il savait, par une précoce observation, combien était pénible, à bien des points de vue, la position de jeunes prêtres sans patrimoine, jetés au milieu des pauvres dans les paroisses populeuses de Paris. Il revenait souvent, avec ses amis, sur cette question. « Être vicaire à la Villette, à Ménilmontant, à Saint-Joseph, à Belleville, à

Saint-Georges, ce n'est pas cela qui fait peur à vingt-cinq ans ; mais d'être perpétuellement en face de la misère et de la souffrance, et de ne pouvoir pas donner voilà ce qui effraie. Évangéliser le peuple, se dépenser pour les enfants et les malades, c'est bien ; mais ne pouvoir pas faire une aumône de *deux francs* à une famille qui meurt de faim, voilà qui est triste ! — « C'est dans ces paroisses, disait-il encore, qu'ils devraient aspirer à faire leurs débuts les jeunes prêtres, bien rares, hélas ! que Dieu a favorisés du don de la fortune. » Et il citait avec éloges tel groupe de prêtres qui ont en quelque sorte mis en commun leur fortune pour vivre en pauvres au milieu d'une population pauvre.

Il avait aussi, en singulière estime et affection, pour ne pas dire en grande admiration, celui de ses collègues dans l'administration diocésaine, qui, après avoir fait de brillantes études à Saint-Sulpice et à Rome, voulut cependant inaugurer sa vie sacerdotale par un ministère effectif et prolongé au milieu des pauvres. Par sa vertu, son nom, sa fortune, ses talents et ses titres acquis, il aurait pu occuper, dès le principe, les situations les plus brillantes soit dans quelque grande paroisse soit dans l'enseignement supérieur où ses goûts l'auraient porté; mais il préféra le titre de simple vicaire dans une paroisse populeuse où, un curé aussi intelligent que zélé, devenu plus tard prince de l'Église, faisait merveille par sa parole et ses créations charitables.

C'est de tout cœur que M. Petit venait en aide aux débutants, surtout à ceux dont il avait protégé la jeunesse cléricale, et ils sont nombreux ceux qui lui gardent la reconnaissance pour ses bienfaits aussi opportuns que délicats! Un trait entre beaucoup d'autres. Au commencement de 1887, celui qui écrit ces lignes implora sa protection en faveur d'un prêtre de la dernière ordination. Il était sans grandes ressources, et un deuil récent augmentait encore ses charges de famille. Il s'agissait d'obtenir que ce prêtre occupât, pendant un an ou deux, une place de précepteur dans une famille honorable où sa piété, son intelligence et son dévouement étaient grandement appréciés. Cette fonction aurait permis, à ce nouveau prêtre, de compléter ses études, de créer un petit budget pour son installation future comme vicaire, et de pourvoir aux besoins urgents que la mort avait fait naître autour de lui. « Non, mon ami, répondit M. Petit, il ne faut pas demander que votre protégé ajourne son entrée dans le ministère. Il a été fait prêtre pour aller aux âmes; vous le dites plein de piété, de zèle et de bonne volonté, eh bien! qu'il entre immédiatement en paroisse, nous lui choisirons un bon curé et tout sera pour le mieux. Je comprends sa situation financière; envoyez-le-moi, je ferai sa connaissance, je l'encouragerai et lui donnerai *une bonne image.* » Le jeune prêtre vit le chancelier, fut heureux de son accueil paternel et familier, et reçut l'*image* promise, c'est-à-dire un billet de banque de 500 francs! Combien n'en a-t-il pas donné, M. Petit, de ces images! Que de lettres adressées à un confrère dans le besoin, à un ami malheureux, à une mère de famille dans la détresse, ou à la supérieure de quelque orphelinat, accompagnées d'une ou plusieurs images!

Assurément, ce n'est pas sa bourse seule qui a pourvu à ces libéralités. Mais s'il usa largement du *blanc-seing* donné par ses Archevêques pour faire la charité, il n'épargna point le sien et il est mort pauvre. « On ne trouvera à ma mort, dit-il, dans son testament, que le mobilier ordinaire qu'on ne peut pas ne pas avoir. J'ai fait le bien que j'ai pu pendant ma vie, venant en aide, comme il convient, à ceux de mes parents qui sont pauvres. Tous mes neveux et nièces ont été l'objet de mes attentions. Ils doivent s'en souvenir; mais je ne puis leur rien laisser après moi, attendu qu'un prêtre ne doit laisser après lui que le souvenir de ses aumônes. »

V

La Commune qui vint arrêter Mgr Darboy, le 4 avril 1871, trouva M. Petit à son poste. Elle commença tout naturellement par prendre tout l'argent qu'elle trouva dans la caisse, et M. Petit a longtemps conservé, signé du capitaine Révol, le relevé des pièces de monnaie, pontificales et autres, trouvées dans le coffre-fort du secrétariat. Le tout montait à 4,302 francs en monnaie, plus 300 francs en billets de banque. Pendant la visite à la caisse et les perquisitions dans le palais, un des mandataires de la Commune crut s'apercevoir que M. Petit ne répondait pas clairement à toutes les questions. « Attention, citoyen, » lui dit-il, « c'est que vous pourriez être fusillé ; ce ne serait pas long. » Après ce travail, les fédérés demandèrent à être servis (1). M. Petit les installa dans la salle à manger de Monseigneur et crut le moment favorable pour les amadouer et obtenir d'eux qu'ils ne fissent plus de dégâts dans la maison par de nouvelles recherches. Mais il s'aperçut qu'un d'entre eux faisait à ce moment-là, derrière lui, des gestes mena-

(1) Nous avons la lettre par laquelle le chef du bataillon qui occupa l'Archevêché les 2 et 3 avril, réquisitionna des vivres. La forme en est convenable. Si le régime de tous les autres bataillons était le même, on peut affirmer que la sobriété était à l'ordre du jour dans les armées de la Commune.

« Monsieur,

« Avant de partir, je veux vous prier de me faire savoir s'il serait possible, pour ce soir, de faire donner aux gardes du poste du pain et de la viande froide.

« Demain le service [sera] régulier, et nous ne songerons plus à faire appel à votre bonne volonté.

« Une bouteille de vin pour trois hommes suffira.

« Je vous salue.

« *Le chef de bataillon*,

« MULLER. »

Tant que ce bataillon resta de service, M. Petit conserva quelque espoir. Il craignit tout dès qu'il fut relevé de sa garde.

çants. Il comprit qu'il n'y avait rien à faire, et que lui-même ne tarderait pas à être traité comme Monseigneur. Il fut en effet arrêté.

Nous avons toujours regretté qu'il n'eût pas consigné par écrit les principaux incidents de sa captivité et de sa délivrance. Ce récit eût été des plus intéressants. On peut le reconstituer, en partie, par ses lettres, par le souvenir de ses conversations et surtout par les notes prises dans une communauté religieuse où il fit, le 17 juin 1871, vingt jours après sa délivrance, pendant une *lecture spirituelle*, qui dura plusieurs heures, le récit de sa détention. Dès qu'il fut parti, une des religieuses, aidée de ses compagnes, rédigea ce long entretien. Ces notes nous ont été gracieusement communiquées. Elles sont, dans leur ensemble, conformes à ce que nous avons entendu nous-même raconter à M. Petit à différentes reprises, pendant dix-huit ans. Elles forment la base de notre récit. Nous avons expliqué et développé certains points à l'aide de nos souvenirs et de deux ou trois ouvrages publiés depuis, ou par des otages ou par des historiens compétents et consciencieux tel que M. Maxime Du Camp. Plusieurs fois, nous avons entendu M. Petit louer comme exactitude, en ce qu'il savait lui-même, le livre d'un ancien membre des Missions étrangères. C'est aussi notre impression (1).

Grâce au courage intelligent et dévoué de Mme Renoult, d'Adolescente et de Louise, la pieuse et vaillante personne que M. Petit avait à son service, le prisonnier reçut chaque jour, à la Conciergerie et à Mazas, la nourriture

(1) M. Petit n'était pas le seul à porter un jugement favorable sur le livre de l'ancien *Missionnaire*. Alexis Pierron, qui a publié, en 1872, de si intéressantes *Esquisses familières* sur Mgr Darboy, s'adresse, pour avoir des détails précis et authentiques, à son ami et ancien camarade, Chevriaux, un des otages. M. Chevriaux renvoie au *Missionnaire* : « Il raconte, dit-il dans son livre, tout ce qui s'est passé et le 22 au soir et durant toutes les journées des 24 et 25. Tu peux t'en rapporter complètement à lui. Son récit est la vérité même, consignée sur les lieux par un témoin et pure de toute erreur, de toute fiction, de toute légende. » Nous possédons un exemplaire, édition de 1871, annoté par M. Petit lui-même.

nécessaire à ses repas (1). Au début de sa captivité, il vint des vivres et des petites douceurs de différents côtés. Il pensa d'abord que tout lui arrivait par l'ordre de Mlle Darboy, rendue à la liberté. Il ne se trompait pas entièrement. Mlle Darboy, encore au Dépôt, lui fit porter, avec de l'argent, du vin, des biscuits

(1) Nous avons dit que M. Petit fut bon pour les humbles. Dans l'espace de vingt-huit ans, il n'eut que trois personnes à son service et il ne s'est séparé des deux premières que parce que la mort ou la santé ont imposé ce sacrifice. Il traitait ses domestiques à l'ancienne manière; aussi était-il servi avec le respect, l'affection et le dévouement des serviteurs d'autrefois. Nous avons quelques lettres du prisonnier à sa domestique Louise, qui lui a été héroïquement dévouée, mais nous n'en citerons qu'une; elle permettra de juger quel maître était M. Petit et comprendre pourquoi et comment il était si bien servi.

« Ma bonne Louise,

« Je voulais vous répondre, par la poste, aujourd'hui « même; mais il paraît qu'on refuse de faire partir nos « lettres. Je trouve ici une occasion, j'en profite. Seulement si vous venez à m'écrire, gardez-vous d'y faire « allusion, vous en comprenez le motif. Le mieux sera « de ne pas m'écrire du tout, à moins que je ne vous en « exprime le désir. Vous avez su déjà que je n'étais pas « malheureux ici; je n'y ai pas même éprouvé le moindre « ennui. Au contraire, j'y trouve des loisirs qui me sont

et des oranges qu'on lui avait envoyés à elle-même. Un gardien fit la commission, mais sans donner aucune explication. Cela ne put durer. M. Petit ne tarda pas à savoir que c'étaient surtout les Petites-Sœurs des pauvres qui s'occupaient de lui : « J'ai encore reçu différentes petites choses de la même

« très précieux. C'est ainsi que je puis suppléer à la « retraite que nous n'avons pas faite cette année.

« Ma santé aussi se maintient toujours excellente. Je « voudrais pouvoir en dire autant de la vôtre.

« Pour la première fois, aujourd'hui, j'ai pu faire une « courte promenade au préau. Là, j'en ai vu qui m'ont « paru bien fatigués. L'émotion y est sans doute pour « beaucoup. Quant à moi, ma bonne Louise, le bon « Dieu m'a vraiment gâté. Figurez-vous que non seule-« ment je ne m'ennuie pas ici, mais que même je m'y « trouve heureux, content.

« Aussi, quoi qu'il puisse arriver, soyez donc bien tran-« quille à mon sujet. Je ne suis nullement à plaindre. « Pour ce qui est du régime alimentaire, avec de l'ar-« gent on obtient ce qu'on désire; or, j'ai encore de « l'argent et si je venais à en manquer, je saurais bien « vite où en trouver.

« Votre lettre du 8 m'est arrivée hier seulement parce « que vous l'avez adressée à la Conciergerie et non au « Dépôt de la préfecture où nous sommes tous, excepté « Monseigneur et M. Lagarde, qui sont à Mazas.

« Je n'ai besoin de rien et si je venais à manquer de « quelque chose, je viendrais à vous qui êtes un peu ma personne. Je pensais que cette personne était Mlle Justine. Il paraît que non. Ce sont des Sœurs, m'a-t-on dit, de la rue Saint-Jacques. J'ai fait répondre que vous aviez grand soin de moi, et que vos soins me suffisaient. Merci donc beaucoup. »

Le service était régulier. Le panier qui portait les vivres et le linge servait aussi à l'échange de la correspondance qui disait les

« providence. (Il lui avait confié une somme considé-
« rable.)

« Rappelez-moi au souvenir de nos amis que vous
« connaissez et rassurez-les bien sur mon compte.

« Quant à vous, ne négligez rien dans l'intérêt de votre
« santé, et si sous ce rapport vous ne pouvez commodé-
« ment vous procurer ce dont vous avez besoin à la
« maison, à cause des circonstances, ne craignez pas
« d'aller prendre vos repas ailleurs.

« Je prie pour vous, ma bonne Louise, tous les jours
« et je sais que vous le faites aussi pour moi; je vous
« remercie.

« Bénissons le bon Dieu de tout ce qu'il a fait et con-
« tinue de faire en notre faveur et aimons-le de mieux
« en mieux.

« Croyez, je vous prie, à mon bien sincère dévouement
« et aussi à ma reconnaissance pour vos attentions tou-
« jours bonnes.

« Ed. P.

« 11 avril 1871. »

sentiments et l'état d'esprit et de santé du captif. Ces billets et lettres ont été conservés. En général, ce sont d'assez longues bandes de papier, marges de journal ou de quelque livre, qu'on glissait dans l'ourlet des bas envoyés au prisonnier et renvoyés chaque samedi par lui. Pour plus de sûreté, on mouillait les ourlets afin que le papier se fît moins sentir sous la main. Dans un de ses premiers billets, pour faire comprendre comment il fallait s'y prendre, il dit à mots couverts : « Je me sers de papier froissé et usé, car en famille tout est permis : ceci doit vous servir; c'est encore plus utile à vous qu'à moi. » Louise était trop dévouée pour ne pas comprendre.

Nous sommes heureux de donner quelques extraits de cette correspondance; elle fera mieux connaître et plus aimer M. Petit.

La veille du jour où il fut arrêté, 3 avril, Mgr Darboy garda ses vicaires généraux et secrétaires auprès de lui jusqu'à 9 heures du soir. En les quittant, il leur dit : « Demain, peut-être, on m'emmènera; il serait bon que quelqu'un fût là pour m'accompagner. — « Nous y serons tous », répondit M. Petit. Ils y furent, en effet. Au reste, M. Petit fut toujours d'avis que l'Archevêque devait rester. « On engageait, disait-il, Monseigneur à fuir, mais il ne voulut pas. « Je resterai, dit-il, jus-« qu'à la fin. » — « Je suis content, ajoutait M. Petit, que Mgr Darboy ne soit point parti; tout le monde nous eût traités de lâches, car l'Archevêque s'en allant, il entraînait le clergé avec lui. »

Voici d'abord comment il raconte son arrestation à sa sœur. La lettre ne porte point de date, mais évidemment elle n'a pas été écrite dès les premiers moments de la captivité.

« Combien j'ai pensé à vous, chère et bien-aimée sœur, depuis les douloureux événements qui se passent à Paris, et surtout depuis que je suis sous les verrous. J'aurais vivement désiré que vous ne fussiez au courant de rien, car je ne pouvais ignorer le chagrin que vous causerait la nouvelle de mon arrestation. D'après ce que je vois, vous avez tout connu dès le principe. Au moins, j'espère que, dès le principe aussi, on vous a dit que j'avais peu à souffrir et que le bon Dieu me faisait la grâce d'accepter cette épreuve avec la plus entière résignation à sa volonté. C'est surtout dans ces tristes circonstances que l'on peut apprécier le bienfait de la foi, et je ne me figure pas sans peine les angoisses par lesquelles doivent passer ceux qui sont étrangers à ce bienfait.

« C'est le 4 avril, à 11 heures et demie du soir, qu'on est venu me prendre dans mon lit. C'était un mardi. Depuis deux jours, je voyais bien que les événements se précipitaient. Le 4, dans l'après-midi, on vint s'emparer du pauvre Archevêque. Je montais rapidement chez lui. Je le rencontrai dans l'escalier et le conduisis à sa voiture. Là, il me dit que, s'il avait besoin de moi le soir, il me le ferait dire. Il partit donc, accompagné de M. Lagarde. Celui-ci croyait revenir; pas du tout : il fut mis, comme son maître, au secret. Pauvre M. Lagarde! Il est si impressionnable! Je le plains de tout mon cœur.

« Après le départ de Monseigneur, on fit une perquisition chez lui d'abord, et puis on descendit à mon bureau, où j'ai remis au commissaire de la Commune tout l'argent que j'avais dans ma caisse. A partir de ce moment, les gardes nationaux s'installèrent dans l'intérieur des appartements. Il était facile de prévoir le dénouement de la journée; j'aurais pu disparaître, mais on doit toujours craindre de manquer à son devoir, et, après tout, le bon Dieu est toujours là et rien n'arrive sans sa permission. Et puis, au fond, qu'avais-je à craindre personnellement? On savait, ou du moins il était facile de savoir, que j'étais étranger aux choses de la politique. Je n'ai donc pas cru devoir quitter, ce jour-là, mon poste. Je passe sur les incidents de la soirée. Si le bon Dieu le permet, je vous raconterai ces choses en détail. Vers 10 heures, je me décide à prendre mon repos ordinaire, je me couche et dors profondément. On a dû, paraît-il, sonner longtemps, à 11 heures ou 11 heures et demie, pour me réveiller : c'était l'heure à laquelle ma domestique, conduisant plusieurs gardes nationaux en armes, vint frapper à la porte de ma chambre. J'ai compris tout de suite. J'ai prié qu'on voulût bien attendre quelques minutes et, prestement, je me suis levé, habillé et mis à la disposition de ces messieurs. Le tout n'a pas duré plus de cinq ou six minutes.

« Dans la cour, la voiture de l'Archevêque attendait. C'était une attention que j'ai dû reconnaître. On y fit monter la pauvre Mlle Darboy et votre cher frère, tandis que deux ou trois domestiques allaient à pied où l'on nous conduisait dans l'équipage archiépiscopal. Quelle nuit, pendant la Semaine sainte, et je vous assure qu'au milieu de tout cela, j'ai conservé un sang-froid dont je ne me croyais pas capable. Je devais même avoir le sourire sur les lèvres lorsque j'ai répondu aux questions qui m'ont été adressées. Me voici au Dépôt de la

Préfecture, toujours avec Mlle Darboy. Nous passons d'un bureau à l'autre et bientôt nous nous trouvons en présence d'une grille. C'était l'entrée de la prison.

« Là, nous fûmes séparés et, depuis lors, je n'ai plus eu de ses nouvelles. Un gardien me conduisit à ma cellule; je ne savais pas encore où j'étais, lorsque, dans une cellule voisine (je me rendais à la mienne), je m'entends appeler. Je m'approche et qui vois-je? Le R. P. Olivaint, supérieur des Jésuites. Nous nous sommes donné une fraternelle poignée de mains, non sans éprouver une grande joie de souffrir quelque chose pour le commun Maître. Cette entrevue inattendue m'a fait le plaisir le plus grand et je suis entré cette fois dans ma nouvelle cellule. Après une courte prière, je me suis étendu sur la couche du captif où j'ai, du reste, assez bien dormi jusqu'au lendemain. »

Dès le lendemain de son arrestation, il écrivit à Mme Renoult qui avait trouvé le moyen de lui faire savoir ses inquiétudes et celles de ses meilleurs amis. Disons, du reste, que pendant toute cette captivité, Mme Renoult, Mme Enfer Jeune, sa nièce, Adolescente, sa fille de compagnie, et Louise, la servante de M. Petit, rivalisèrent de zèle et de courage, soit pour essayer d'arriver jusqu'au prisonnier, soit pour adoucir sa situation. Grâce à elles, nous le répétons, il n'eut point matériellement à souffrir. Aussi ses lettres sont-elles débordantes de paix, de piété, d'amour de Dieu et de reconnaissance.

« Bonne et chère mère,

« Je me hâte de vous donner de mes nouvelles; rassurez-vous, elles sont excellentes. Je me porte très bien et, Dieu en soit béni! à vous dire vrai, je suis content. Donc, soyez sans inquiétude à mon sujet, et dites-le avec discrétion aux amis et autres personnes qui veulent s'intéresser à moi.

« Mon seul chagrin est de vous savoir dans la peine à mon occasion. Mais, puisque je vous donne l'assurance qu'il ne me manque rien, que même je suis heureux, ne vous affligez donc pas (1). Ah! ma bonne mère, comme j'ai pensé avec délices aux circonstances particulières de la Passion du Sauveur! Quelle bonne Semaine sainte! Je ne l'oublierai jamais. Croyez-moi donc quand je vous dis que le bon Dieu est d'une bonté ineffable. Lui seul sait nous faire trouver de la joie où, ce me semble, il ne devrait y avoir place que pour la tristesse.

« Ma petite cellule est charmante; c'est une vraie petite Chartreuse. Je ne me soupçonnais pas tant d'attrait pour la vie cénobitique.

(1) Au même jour, le jeune séminariste Paul Seigneret écrivait dans les mêmes termes les mêmes sentiments. Nous comparons les lettres dix-huit ans après : « J'ai « trouvé ici une bonne petite cellule avec un coin du « ciel par où s'envolent mes pensées, un hamac qui m'a « rendu le sommeil, la possibilité du travail en silence « et la paix extérieure et intérieure. J'ose à peine vous « dire que j'y vis heureux, sans inquiétude, à la complète « disposition de Dieu. Je jouis d'une tranquillité d'âme « qui me fait retrouver les plus doux moments de ma « vie. Ma seule tristesse vient de la pensée de vos inquiétudes. » (*Paul Seigneret*, par un directeur de Saint-Sulpice, p. 274.)

Dites cela, à l'occasion, au bon P. Ducastel. Je voudrais pouvoir lui faire parvenir un bonjour et, surtout, un *merci* particuliers; mais il convient que, en qualité de mère, vous soyez l'intermédiaire entre lui et moi. Si ma sœur et ma nièce Marie venaient à me savoir ici, vous les rassureriez en leur défendant toutefois de m'écrire. Je n'oublie ici personne. La bonne Adolescente a sa part dans mes souvenirs, et tous vos parents aussi. Si vous aviez occasion ou plutôt, si vous la trouviez sans la chercher, de voir Louise, remerciez-la bien pour moi; elle a été bonne, dévouée comme il n'est pas possible de l'être davantage. Le bon Dieu saura lui-même la récompenser. Dites-lui que j'ai reçu son petit paquet, qui m'a fait comprendre que si elle n'entrait plus chez moi, elle avait, néanmoins, conservé la disposition de sa chambre. Peut-être ferait-elle bien d'aller loger ailleurs, par exemple, chez sa *vieille amie*. Dites-lui aussi que je n'ai besoin de rien et que je suis content.

« Adieu, chère bonne mère, je vous aime

avec un cœur bien aimant, mettant tout entre les mains de la Providence; rien n'arrive que par sa permission. Elle veille sur nous avec une sollicitude pleine d'une tendresse maternelle. Entre ses mains soyons donc comme le petit enfant reposant doucement et sans souci entre les bras de sa chère maman. Je vous embrasse.

« E. P.

« Un bonjour au cher Romain, qui le transmettra, de ma part, à notre ami *Légume* (1). Un bonjour aussi tout particulier à mon petit Paul, et un merci tout affectueux. Je désire que personne ne m'écrive, pas même vous. »

La seconde lettre, écrite le lundi de Pâques, c'est-à-dire six jours après son entrée au Dépôt de la Préfecture, 10 avril, ne révèle pas moins de tranquillité d'âme.

« Bonne et bien chère mère,

« Il est 7 heures et quart du soir et il ne fait

(1) Il désigne ainsi un ami auquel il donnait familièrement ce nom.

plus très clair dans ma cellule; mais à la guerre comme à la guerre, ou, plutôt, au cachot comme au cachot! Ce qui ne m'empêche pas, vous le voyez, ainsi que je vous l'avais promis, de vous consacrer ma soirée du lundi de Pâques (1). L'homme propose et Dieu dispose. Jamais cela n'a été plus vrai qu'en ce moment. Mais, qu'importe! L'essentiel pour nous est que Dieu dispose. Entre ses mains tout va bien, car le cœur est content. Aussi, jamais situation ne m'a rendu heureux comme celle qui m'est faite en ce moment. Vous aurez peine à me croire peut-être, et, cependant, je vous dis vrai. Soyez donc bien rassurée sur mon compte. Je goûte ici un repos, une paix, une tranquillité que les circonstances n'auraient pu me permettre ailleurs. Je pense tout à loisir aux choses que j'aime, et puis j'espère en Dieu avec une confiance d'enfant et, afin de n'éprouver aucune déception, je ne veux

(1) Le lundi de Pâques était un des jours où MM. Petit et Ducastel avec un ou deux autres amis se réunissaient chez Mme Renoult.

espérer que les choses qu'il voudra bien lui-même m'envoyer. Du reste, j'aurais tort de me plaindre; tout n'est pas aussi horrible qu'on pourrait le croire dans une prison. Si je vous faisais ici la description de ma cellule, vous verriez qu'elle n'est pas à dédaigner. D'abord, elle a le bon goût de la simplicité. Il n'y a juste que ce qu'il faut et, encore, pas toujours. La couchette est ce qu'elle doit être en pareille circonstance; mais ce qui la rend meilleure que les lits les plus somptueux, c'est le sommeil doux, calme, plein qu'on y trouve. Et puis le proverbe dit que « Comme on fait son lit on se couche ». Je tâche donc de faire mon lit du mieux qu'il m'est possible. Je réussis, il faut croire, puisque je dors très bien. La couchette est peut-être le seul meuble de la maison dont il doit être parlé. Les autres méritent à peine une mention, mais cependant, une petite table assez commode pour me permettre de vous écrire ces lignes.

« Quant au régime alimentaire, on aurait tort de le trouver mauvais, d'abord parce qu'il faut s'en contenter; je me trompe, libre à chacun de l'améliorer et, sous ce rapport encore, j'ai pu, plusieurs fois déjà, constater et reconnaître, avec une joie très vive, les délicates attentions de la Providence (1). Elle est si bonne la Providence! mais si elle me consultait, je lui dirais, en toute simplicité, que je n'use plus de ce vilain tabac que vous savez, que je n'use pas davantage de biscuits : les deux extrémités se touchent et quelquefois se repoussent. A part cela, les petites douceurs, en fruits surtout, sans être nullement désirées, sont néanmoins accueillies avec une vive satisfaction. Le cœur reçoit bien ce que le cœur donne bien; voilà sur les douceurs une digression trop longue. Je dois être discret sur le personnel qui nous sert ou nous observe. Chacun fait ici son devoir : qui, d'une façon; qui, d'une autre. Qu'importe! le devoir, c'est le devoir. En somme, vous le voyez, je n'ai

(1) M. Petit fait allusion ici, avec prudence, aux envois divers de Mme Renoult qui trouva promptement le moyen d'avoir des communications régulières avec le prisonnier.

pas l'air du tout d'être mécontent de mon sort. Je vous le répète, je suis même heureux. N'allez pas, vous et plusieurs autres, troubler ma paix en vous affligeant et en essayant de me plaindre. Ne nous plaignons pas, mais remercions Dieu en le priant aussi beaucoup. »

Voilà le ton de la correspondance de M. Petit pendant plus de sept semaines, tant qu'il fut à la Conciergerie et à Mazas. Il avait réglé ses journées comme un véritable religieux. La lecture et la prière, surtout la prière, furent la principale occupation de ses journées. « C'est en prison, disait-il, que je compris quel était le ministère de la prière, jusque-là, même dans les retraites d'ordination, je ne l'avais pas compris. Il faut être en prison pour bien prier!

« Ma journée était ainsi disposée : le matin, je disais deux Bréviaires; ensuite, je lisais le Nouveau Testament, je récitais bien une vingtaine de chapelets chaque jour, les psaumes de la pénitence, les litanies des saints; c'est la prière qui m'a soutenu, qui m'a empêché de connaître l'ennui et procuré un bonheur ineffable.

« Pendant les premiers temps », disait-il encore, « je recevais les journaux, mais je sentais qu'en lisant les nouvelles, ma vie du dedans passait au dehors, je cessai de lire. » Ce trait suppose une rare énergie de caractère. « Je vis », écrit-il encore à sa sœur, « à peu près comme un chartreux qui fait sa retraite, avec cette différence toutefois qu'ici, nous n'avons pas de chapelle, ni aucun exercice commun. J'y supplée, tous les matins, en m'unissant d'intention avec votre chère communauté et en union avec M. Piot (l'aumônier de l'Hôtel-Dieu); je récite le matin, à 7 heures, les prières de la messe. C'est aussi dans votre chapelle que je me transporte par la pensée et par le cœur pour y faire mon adoration. Vous voyez, ma bonne sœur, que je vis tout près de vous. Nous ne pouvons pas être éloignés l'un de l'autre, puisque Celui qui nous sépare est également présent à tous deux. »

Visiter par la pensée et la prière cette chère communauté de Laon où il aimait tant à se trouver, était une des consolations de sa captivité; mais il n'oubliait pas les autres amis, et, le 11 avril, il se souvient que chaque année il avait l'usage de souhaiter la fête à son bienfaiteur, M. Ducastel.

« C'est demain la Saint-Jules », écrit-il à Mme Renoult, « ne l'oubliez pas, et partout, lorsque l'occasion se présentera, ne manquez pas de dire à qui de droit que, même au cachot, on se souvient avec joie de la Saint-Jules. J'aurais bien voulu écrire un mot à mon Père Ducastel... Dites-lui que je l'aime en fils. »

VI

Le jeudi, 13 avril, lendemain de la Saint-Jules, on avertit les prisonniers de se tenir prêts à partir. « Où allons-nous ? demanda M. Petit. — « A Mazas. » — « Nos préparatifs ne furent pas longs : nous descendîmes dans la cour, il y avait là deux voitures cellulaires. Oh ! que c'est triste ! Je ne puis rendre l'effet que leur vue produisit sur moi. Figurez-vous une grande voiture, longue comme une espèce de tapissière ; au milieu, un petit couloir ; et, de chaque côté, une rangée de boîtes où chaque prisonnier est enfermé ; puis, n'ayant pas la place pour remuer, et ne recevant le jour que par quelques trous pratiqués sur le haut de la voiture pour faciliter la respiration.

« Oh! combien je sentis mon cœur oppressé! quelles pénibles impressions j'éprouvai quand il me fallut monter dans cette voiture où l'on ne met que les criminels condamnés (1)!!!

« Le chemin de la Conciergerie à Mazas n'est pas long. J'eus le temps de dire mon Bréviaire, qui est très court cette semaine, et un chapelet.

« Arrivés à Mazas, on nous fit descendre et on me fouilla pour savoir si je n'avais pas de rasoir ni de couteau. Le jeune homme qui me fouillait était bon et me dit : « Cela me fait « bien de la peine, monsieur, de remplir cet « office », et il se cachait pour me dire cela (2). »

Ajoutons un détail sur cette translation à

(1) M. Petit ne fut pas le seul à ressentir cette pénible impression. On lit dans la vie de Paul Seigneret : « Le « transfert à Mazas se fit dans les voitures cellulaires « dont les otages ont tous conservé un pénible souvenir « et dont l'un d'eux a écrit : « Ma plus grande humiliation, « pendant ma captivité, fut de me voir dans cette voiture. « Etre enfermé à clef dans une de ces cases où l'on « manque d'air, où le moindre mouvement vous fait « heurter une des quatre planches qui vous enserrent, « c'est se sentir, encore vivant, dans un cercueil. »

(2) D'après un récit de M. Petit.

Mazas. Au moment où M. Petit allait monter dans la voiture cellulaire, il aperçut sa servante Louise au milieu d'un groupe de personnes qui assistaient au départ des prisonniers, dans la cour de la prison. A cette vue, il fit un mouvement, de douloureuse surprise, croyant qu'elle avait été arrêtée, elle aussi; mais il est rassuré par un surveillant qui lui dit, en prenant un air bourru et brutal : « Soyez tranquille, monsieur, c'est ma femme qui l'a amenée pour qu'elle puisse vous voir. » Ce surveillant était le sous-brigadier Braquond à qui Maxime Du Camp a consacré de si belles pages. Lui et sa femme furent bons pour les otages. Nous en reparlerons (1).

(1) Nous retrouvons les impressions d'un ami de M. Petit, sur l'attitude de Paris et de Versailles, écrites à un ami éloigné de Paris le jour même où les otages étaient transférés du Dépôt à la Roquette. Il est curieux de relire ces lettres dix-huit ans après! « Les arrestations des prêtres et les mises sous séquestre des églises continuent. Mais les honnêtes bourgeois de Paris se préoccupent peu de cela. Tant qu'on persécutera l'Église, on ne songera point à leur boutique et à leur coffre-fort. Le clergé est taillable et corvéable à merci : rien n'est injuste contre lui. On trouverait presque légitime l'affiche

Les premiers jours de Mazas furent empreints d'une certaine tristesse; mais le prisonnier reprit bien vite les habitudes de la Conciergerie et, avec elles, la bonne humeur revint.

Le 10 mai, il a une joie. « Je défends à vous, bonne et chère mère, et à ceux qui m'aiment, de conserver aucune tristesse à mon sujet : c'est mon refrain habituel. Je ne cesserai de vous le redire. J'ai tort néanmoins de toujours parler de moi; mieux vaut vous raconter que,

apposée sur la porte de l'église de Montmartre, disant que *les prêtres sont des bandits et les églises des lieux de corruption*. Quand des événements de cette sorte se passent au milieu du calme d'un peuple, c'est un mauvais signe. C'est la marque d'une absence complète de convictions religieuses et morales, c'est la fin d'un peuple. Le gouvernement de Versailles est complice de l'universelle indifférence, et on voit un Jules Favre parler de la *disparition de l'argenterie d'un ministère*, et ne pas même soupçonner que l'Archevêque de Paris est en prison et que les églises sont pillées. Ne croyez pas que je parle ici avec esprit de parti, non, je m'élève plus haut... Je crois que sans manquer à la prudence, les hommes de Versailles auraient pu faire allusion à l'attitude du clergé de Paris qui est seul resté à son poste lorsque toutes les administrations s'éloignaient. Mais que nous importent les éloges !... »

dimanche dernier, il m'est arrivé un aimable, un gracieux et odoriférant bouquet. C'est le mois des fleurs, j'ai donc souri de joie et de reconnaissance en recevant les fleurs. J'ai pensé et je pense encore qu'elles me viennent de vous. Elles sont encore là, sous mes yeux, épanouies, conservant toujours quelque chose de leur première fraîcheur; mais les fleurs passent vite, vous le savez; ce qu'elles m'ont dit et me répètent encore de votre part, reste et restera toujours, et c'est pourquoi je vous dis : *Merci*.

Si un bouquet de fleurs l'avait ainsi ému, quel n'eût pas été son bonheur s'il avait pu voir, quelques instants, les personnes qui le lui faisaient parvenir? Mlle Renoult fit plusieurs tentatives pour lui donner cette satisfaction; une fois elle faillit réussir. Elle avait pénétré jusqu'au parloir de Mazas; M. Petit même fut averti qu'il était attendu, sans savoir qui le demandait. Il était arrivé à la salle d'attente, lorsque le directeur de la prison ou quelque subalterne le voyant arriver, le renvoya en criant : *Pas de curé! pas de curé!*

Une lettre de Mme Renoult lui apprend que c'était elle qui était venue, munie d'une permission régulière. Aussitôt il répond :

« J'ai donc failli recevoir votre visite! c'eût été la première fois depuis mon séjour ici. Mais ne vous découragez pas. Essayez encore. Avec une nouvelle permission qu'on ne vous refusera pas, vous serez, je l'espère, plus heureuse que dimanche dernier. — Vous me dites qu'on vous a fait espérer mon élargissement, ce serait vraiment trop de joie, si une pareille faveur m'arrivait par l'entremise de ma chère mère Renoult.

« Dites donc à la bonne Adolescente de ne pas se faire tant de peine. Cela passera, et de cette épreuve, il me restera du moins un souvenir bien cher des nombreux témoignages d'amitié dont je suis en ce moment l'objet. Mon cœur prend note de tout et il n'oubliera rien. »

Oh! non, il n'oublia rien ni personne, et

tous ceux qui eurent quelque souvenir ou attention pour le captif eurent toujours une place, à part, dans sa reconnaissance. M. Reulet, qui fut plus tard son collègue à l'Archevêché, après l'avoir été à Notre-Dame des Champs, allait régulièrement prendre de ses nouvelles chez Mme Renoult. Mais un jour, voulant aller directement jusqu'au prisonnier, il se présenta, lui aussi, à la Préfecture de police pour en avoir l'autorisation. Cet acte de courage faillit lui coûter la liberté et peut-être plus. Heureusement un fédéré bienveillant, de service dans l'antichambre de Raoul Rigault, a reconnu un ecclésiastique dans le solliciteur, et, fredonnant d'un air distrait, il s'approche de la fenêtre près de laquelle se tenait M. Reulet. Là, il bat doucement le tambour sur la vitre et chante ces paroles, de manière à être bien compris de celui seul à qui elles s'adressaient : « Aujourd'hui, ordre d'arrêter tous les curés qui viendront solliciter. » M. Reulet comprit et n'attendit pas son tour d'audience, M. Petit sut les tentatives de M. Reulet et le fit remercier par Mme Renoult.

C'est au moment où il désirait tant revoir ses amis qu'on offrit à M. Petit de porter à Versailles la proposition de l'échange des otages. La tentation était séduisante, mais il déclina cette offre disant que cet honneur appartenait à un de ses supérieurs : Mgr Surat et M. Lagarde. En réalité, M. Petit craignait que quelque obstacle plus fort que sa volonté ne l'empêchât de revenir.

Les 20 et 22 mai, M. Petit a le pressentiment qu'on touche à la fin, et ses lettres s'en ressentent.

« Nous touchons au dénouement de cette terrible crise, écrit-il à sa sœur. Je suis plein de confiance. »

Il écrit un mot court à une nièce, jeune fille dont il a surveillé l'éducation :

« Il faut bien que je te donne un petit souvenir de ma prison. Ce petit mot t'en servira. Il est probable qu'en ce moment tu es revenue à Laon, auprès de ta chère tante. Aime-la bien, tu n'as pas de cœur qui te soit plus dévoué. Tu es bonne et tu aimes tous les tiens, et surtout tu aimes le bon Dieu. Le penser est pour moi la plus douce joie. »

Ces mots rapides, courts, écrits à la hâte, indiquent bien que M. Petit craignait tout, sans désespérer encore. Sa dernière lettre à M. Ducastel dit bien l'état de son âme. Nous voulons la transcrire tout entière. M. Pinet, vicaire de Saint-Merry, en possède l'autographe et le garde comme une vraie relique, en souvenir des deux prêtres qui furent tout pour lui, et dont l'un, le dernier survivant, l'a chargé de l'exécution de ses dernières volontés.

« Monsieur Ducastel,

« J'espère que ce petit mot vous parviendra tôt ou tard. Il me tardait de vous écrire d'abord pour vous remercier de tout ce que vous avez fait pour moi. Le bon Dieu seul vous en récompensera. Je le lui demande et le lui demanderai toujours. Avec mes remerciements, recevez aussi le témoignage de ma tendresse toute filiale. L'avenir nous est inconnu; il est donc bon de prévoir. Le petit Paul a nos testaments. Au besoin vous les lui demanderiez. Si j'avais le loisir, je recommencerais le mien. Mais si c'est nécessaire, vous ferez tout pour le mieux. Vous êtes le père. Vous pouvez avoir toute confiance en Louise et je vous la recommande. Mme Renoult et Adolescente savent combien je leur suis attaché. Donnez-leur en l'assurance et, au besoin, un souvenir de moi. J'espère sortir de cette épreuve; au cas contraire, vous verrez ma sœur. Dites-lui que son frère est content et qu'il garde dans son cœur la plus douce affection pour elle. Vous verrez aussi ma chère Marie, ma nièce. Cette enfant vous aime à cause de moi, aimez-la aussi à cause de moi. Elle est douce. Je lui recommande de toujours aimer le bon Dieu. J'en fais la prière du plus profond de mon cœur. Je n'oublie point notre chère communauté de Laon,

M. Piot, M. Lévêque, sa famille, MM. et Mlle Suin, M. Fillette (1), etc., etc.; mais, par-dessus tout, j'aime mon père Ducastel, et il m'est très doux de le lui dire, en ce moment surtout. Bonjour à Mme Bourdon (2), que je n'oublie jamais, à Paul, à Augustine, et, à l'occasion, à Tapie, Navet (3), etc. Louise vous dira ce qu'il y a à faire pour les messes. Elle vous remettrait aussi les papiers pour les *bonnes œuvres*. A l'occasion, tous mes affectueux respects et remerciements à M. Grandvaux,

(1) Toutes ces personnes, de Laon, étaient amies de MM. Ducastel et Petit.

(2) Mme Bourdon était une vaillante chrétienne, paroissienne de Notre-Dame. Elle avait en grande vénération M. Ducastel et M. Petit. Sa villa de Villenoy, près Meaux, offrait, chaque année, un lieu de repos aux deux amis. Elle a voulu, à sa mort, arrivée en 1886, que cette maison de Villenoy fût donnée aux filles de saint Vincent de Paul. Sa demoiselle de compagnie et légataire universelle, Mlle Valentine Petit, qui n'a de commun avec le Vicaire Général que le nom, l'amour du bien et le respect pour la mémoire de M. Ducastel, a exécuté, sans tarder, la volonté de son amie et bienfaitrice. Depuis un an, les Sœurs de la Charité sont l'édification et la providence de Villenoy.

(3) M. l'abbé Navet est à cette heure premier vicaire de Saint-Germain des Prés.

mon directeur. Je vous embrasse, cher bon père, et vous aime en fils.

« E. PETIT.

« Mazas, 20 mai 1871.

« S'il est nécessaire, vous verrez vous-même mes papiers; tout est à moi. »

M. Petit avait raison de penser que c'était la fin : la semaine terrible et sanglante allait commencer (1). Le soir même où il écrivait une des lettres que nous venons de citer, c'est-à-dire le 22 mai, arrive l'ordre de transférer les otages de Mazas. « Où allons-nous? dit M. Petit au gardien. — A la Roquette. — Ah! bien, je comprends. »

Il demanda une minute de répit pour faire ses préparatifs de départ.

A ce moment, un des gardiens qui avait été bon pour lui, entre furtivement dans sa cellule, le pousse dans un coin, le serre dans

(1) Ce ne fut pourtant pas la dernière lettre qu'il écrivit à Mazas.

ses bras et lui dit en pleurant : « Adieu, monsieur Petit. » C'était significatif.

M. Petit avait compris. S'adressant à celui qui vient le chercher : « Je sais que c'est la mort qui nous attend ; permettez-moi que je dise un mot à un de mes confrères. Je puis avoir à me confesser. On ne refuse pas cela au dernier des condamnés. — Oh ! oh ! répond ce malheureux, vous avez peur maintenant ! En avant, en avant ! », — et il le pousse.

Le récit inédit qui nous donne ce détail, écrit en juin 1871, est conforme à celui que donna, huit ans après, Maxime Du Camp, dans *les Convulsions de Paris*. Le même jour (22 mai), vers 6 heures du soir, un grand bruit se fit dans la prison ; les détenus entendirent les surveillants s'agiter dans les couloirs, ouvrir des portes et appeler des noms. Les gardiens se hâtaient, une liste à la main ; ils parcouraient leur division, s'arrêtaient devant une cellule désignée, faisaient glisser le verrou : « Allons, dépêchons, prenez vos affaires ; vous partez. » Le détenu se préparait rapidement, ramassait le peu d'objets dont on lui avait laissé l'usage et le plaçait sur le pas de la porte. Les surveillants avaient le visage consterné. On leur demandait : « Où allons-nous? » Ils répondaient : « Nous n'en savons rien. »

Évidemment, tous les gardiens n'ignoraient pas où allaient être conduits les prisonniers, ou, s'ils savaient, tous n'eurent pas la même discrétion. Ce qui le prouva encore, c'est que le vénérable aumônier de la Roquette, M. Crozes, dut aux gardiens de Mazas de ne pas revenir dans sa prison à titre d'otage. Averti, lui aussi, il était sur la porte de sa cellule, prêt à partir avec son petit paquet, lorsqu'un surveillant accourut, et, le repoussant dans sa cellule, lui dit : « Pas vous, pas vous! »

M. Petit arrive dans la cour de la prison. Là étaient deux voitures du factage du chemin de fer de Lyon, dans l'intérieur desquelles avaient été disposées deux planches longitudinales en guise de bancs. On lui désigne la première. Il y montait quand il s'entendit appeler : « Monsieur Petit. » Il regarde et remarque un prêtre assis dans un coin, enveloppé d'une houppelande. C'était Mgr Darboy. « Monseigneur! je ne vous reconnaissais pas! » L'Archevêque portait toute sa barbe et était maigre à faire pitié. « Qu'avez-vous, Monseigneur? continue M. Petit après lui avoir baisé les mains et l'avoir embrassé. — « Je suis malade, répondit Mgr Darboy; je souffre beaucoup. Hier, je me suis appliqué un vésicatoire qui se fait encore terriblement sentir. Je n'ai rien pris depuis deux jours, et ils sont venus m'arracher de ma cellule au moment où j'allais prendre un peu de nourriture (1). »

Bientôt la voiture est remplie : sept ou huit otages parmi lesquels Mgr Surat, M. Bayle,

(1) A ces quelques paroles se borna la conversation de l'Archevêque et de M. Petit. Nous avons eu plusieurs fois occasion de lui entendre raconter cette entrevue, et jamais il n'a varié. Nous avons cité presque textuellement le récit qui sert de base au nôtre et qui était *absolument inédit.* D'après ce texte, Monseigneur aurait dit : « Hier je me mis un vésicatoire, il me *pique encore.* » Le récit du P. Perny constate, comme celui de M. Petit,

vicaires généraux; M. Deguerry, curé de la Madeleine; le président Bonjean, le P. Perny et un laïque que nul ne connaissait, et qui n'était autre que le fameux banquier du Mexique, Jecker. On fut près d'une heure avant de se mettre en route. Tous ceux qui survécurent à ces affreuses journées étaient unanimes à dire que le trajet de Mazas à la Roquette fut un des moments les plus épouvantables de la captivité.

Pendant que la voiture stationnait ainsi dans la cour, entourée de fédérés, une foule immense assiégeait la porte, vociférant, menaçant de l'enfoncer. « Un instant, raconte M. Petit, je crus que la grille allait céder! »

Enfin, le signal du départ est donné et on se trouve au milieu de cette foule en fureur.

que l'Archevêque paraissait affaissé et que sa voix était altérée. Il parlait peu et souriait seulement, en entendant les conversations de ses voisins. Il était au fond de la voiture, au coin; M. Petit, en face; à la gauche de l'Archevêque, le P. Perny, bien placé par conséquent pour entendre et pouvoir rapporter toutes les paroles de l'Archevêque.

« C'étaient des femmes, des enfants, des jeunes filles qui criaient : *A mort ! qu'on les tue, qu'on les massacre !* On avait beau chercher, on ne trouvait pas dans cette multitude une seule figure sympathique : la colère et la haine les rendaient toutes HIDEUSES A VOIR. »

« J'ai vécu vingt-cinq ans au milieu des sauvages, disait, de son côté, le P. Perny devant le 3e Conseil de guerre (9 août 71), et je n'y ai rien vu d'aussi horrible que ces faces d'hommes et de femmes acharnées contre nous dans le trajet lugubre de Mazas à la Roquette. »

Pendant ce temps, M. Petit, d'un calme imperturbable, regardait au loin : « Cela le réjouissait un peu de voir la verdure des arbres du boulevard ; car il est bien triste, pour le prisonnier, d'être privé, deux grands mois, de voir le ciel et la verdure. »

Au bout d'une heure, c'est-à-dire vers 8 heures du soir, on arrive à la Roquette. Les otages descendent et restent près d'une heure dans une grande salle d'attente. La plupart profitèrent de ce moment pour recevoir encore une fois l'absolution. « Je fis mon affaire, racontait M. Petit, avec le P. Caubert; nous nous installâmes dans un coin et je me confessai. J'appris qu'il portait le bon Dieu avec lui. Mlle Delmas, la directrice de l'orphelinat de la rue Notre-Dame des Champs, était parvenue à procurer aux bons Pères une trentaine d'hosties consacrées. Elle les avait fait passer dans un pot à beurre à double fond. Chacun des Pères en avait cinq dans une petite boîte en carton « parfaitement arrangée. »

M. Petit eut, dès ce moment, le vif désir d'avoir une de ces hosties, et le bon Père lui en donna l'espoir.

Les prisonniers sont ensuite conduits au premier étage et poussés dans leurs cellules qui sont dans une obscurité complète. Ils en reconnaissent, à tâtons, l'ameublement et trouvent une paillasse et une couverture, qui répandaient, comme la cellule tout entière, une odeur fétide. Et puis, pas une goutte d'eau pour se désaltérer! Ce fut une nuit atroce. Heureusement qu'elle ne fut pas longue! Au matin, M. Petit reconnaît son nouveau domicile et éprouve une affreuse impression en voyant pendue au mur une chaîne dont il ignorait l'usage. Il paraît qu'elle servait à attacher la chaise des condamnés.

Ce détail, que nous trouvons dans le récit déjà cité, ne semble pas devoir se rapporter à ce moment. La chaîne dont parle M. Petit se trouve seulement dans les cellules de Mazas et dans celles du Dépôt.

Au réveil, un des prisonniers demande de l'eau et un autre une chaise. Aux deux, le gardien fait la même réponse : « Pour le temps que vous avez à passer ici, ce n'est pas la peine. »

VII

La tristesse et l'angoisse étaient comme invincibles. M. Petit savait que son voisin était le P. Caubert, et il ne tarda pas à constater que les cellules de la Roquette sont divisées en deux, de manière à ce que les détenus qui se trouvent dans la cellule divisée puissent communiquer entre eux par la fenêtre. Ils peuvent converser ensemble, se voir et même se passer quelques menus objets. « Père, dit M. Petit au P. Caubert, je suis triste ? — Et moi aussi ? — Que faire ? — Chantons un cantique. » Et, là-dessus, le Père passa une petite feuille à son voisin. C'était un cantique du Sacré-Cœur. La musique en était belle ; ils chantèrent, et le cœur des deux prisonniers fut un peu dilaté. M. Petit, qui avait gardé ce pieux feuillet, aimait à redire la strophe suivante de ce cantique de la captivité :

Accordez-nous,
Seigneur, à tous
Cette grâce incomparable,
De bien finir,
Et de mourir
Sur votre cœur adorable.

Les communautés dont il était Supérieur, sachant quelle émotion pénétrante ce cantique lui causait, le faisaient souvent chanter, devant lui, par les élèves. Chaque fois, les larmes lui venaient aux yeux!

C'est ce jour-là qu'il reçut la sainte hostie promise la veille; il mit la précieuse custode sur son cœur. Cette custode, une petite boîte en carton rouge de la grandeur d'une pièce de 5 francs, était garnie à l'intérieur de batiste. M. Petit la conserva jusqu'à son départ pour l'Orient. Elle est maintenant la propriété de sa sœur, la religieuse de Laon.

C'était le mardi 23 mai. A midi, on permit

aux prisonniers de prendre leur récréation ensemble. « Que cela nous sembla bon, disait M. Petit; nous étions même gais. Oh! dans ces moments, on sent qu'on s'aime!!! »

Cette récréation ne dura qu'une heure; mais les visites de cellule à cellule étaient assez faciles, grâce à la complaisance des gardiens. M. Petit alla voir Mgr Darboy qu'il trouva étendu sur une paillasse, calme, résigné, et s'entretint quelque temps avec lui.

M. Petit ne reçut pas, ce jour-là, le panier de provisions qu'il recevait régulièrement à la Conciergerie et à Mazas. Il craignait que sa vaillante et courageuse domestique n'eût éprouvé quelque accident. Louise s'était présentée à Mazas, où elle apprit que son maître était à la Roquette depuis la veille. Impossible d'arriver elle-même jusque-là; mais elle trouva un ancien gardien de Mazas qui se chargea de faire arriver les vivres; et le panier parvint, en effet, à M. Petit le lendemain, mercredi 24 mai. Un cantinier attaché à la Roquette fournit donc les vivres au prisonnier la journée du mardi; c'était du bouillon et du bœuf. Mgr Darboy eut recours à la même nourriture; mais il ne put la supporter et un mal d'entrailles vint compliquer son mal d'estomac. Un peu de chocolat, partagé avec le P. Olivaint, soutint ses forces le mardi et la matinée du mercredi. Dès qu'il eut le panier attendu, M. Petit alla trouver Monseigneur et lui offrit une tranche de filet, des cerises et une brioche. Mais pas de serviette pour recevoir ces aliments. Monseigneur se baissa et ramassa par terre un morceau de papier, le secoua un peu et dit en souriant : « *A la guerre comme à la guerre !* » Ce fut le plat de son dernier repas! M. Petit partagea le reste de son dîner avec Mgr Surat et le P. Caubert. Il aimait à rappeler ce souvenir et il savait gré à sa servante Louise de lui avoir fourni le moyen d'être agréable une dernière fois à son Archevêque.

Dans la journée (1), un ordre fut envoyé de

(1) D'après le *Récit inédit*, nous avions d'abord cru que les soixante-huit victimes avaient été demandées le 23 et

là Commune de fusiller *soixante-huit* otages pour venger deux ou trois fédérés fusillés à la barricade de la rue Caumartin par l'armée de Versailles. Comme l'ordre était porté par un homme aviné, le directeur de la prison, François, lui dit qu'il devait y avoir erreur. « On peut demander deux ou trois otages pour chaque fédéré tué; cela ferait six ou huit à la rigueur, mais non *soixante-huit*. Il renvoya le porteur du billet qui trouva l'observation juste et se dirigea vers la mairie du XIe, où s'était replié ce qui subsistait encore de la Commune. Ces détails, conformes aux souvenirs du P. Perny, de l'abbé Lamazou et de Mgr Foulon ne sont pas admis par Maxime Du Camp. D'après ce dernier, le chiffre de *soixante-six* otages aurait été fixé dans une espèce de cour martiale, présidée par le menuisier Genton, réduit ensuite à *six*, sans

nous mettions sur le compte du directeur François le scrupule qui doit être restitué à son greffier. Dans cette version, on comprendra cette phrase : *On gagna ainsi vingt-quatre heures*. Elle n'a pas raison d'être dans l'autre qui semble être la vraie.

que le directeur, de la prison, François, ait eu à intervenir. Celui-ci même n'aurait pas fait d'observation si un greffier n'avait dit : « Le mandat est irrégulier, nous ne pouvons y donner suite. Il prescrit d'exécuter immédiatement six otages, mais deux noms seuls, Darboy et Bonjean, sont indiqués. Cela ne suffit pas; les individus condamnés à mort doivent être désignés nominativement afin d'éviter toute erreur et assurer la régularité des écritures. » Vive discussion entre le greffier et Genton qui, selon Maxime Du Camp, avait porté lui-même l'ordre d'exécution. François se laissa convaincre par le greffier, finit par avoir des scrupules et dit : « Les choses doivent se passer régulièrement pour mettre ma responsabilité à couvert. » Genton voulut bien céder et ajouta lui-même quatre noms, pris, non sur le registre d'écrou, qui n'existait pas, mais sur quelques feuilles volantes expédiées l'avant-veille par le greffe de Mazas. Montrant la liste à François, il lui dit : « Ça te convient-il, comme ça? François répondit : « Ça m'est égal, si c'est approuvé. » Et Genton sortit pour aller faire approuver, par le Comité de Salut Public, l'ordre ainsi libellé.

Quoi qu'il en soit des deux versions, une chose est certaine : c'est que les discussions au sujet de cet ordre firent gagner du temps.

Il était près de 7 heures lorsque M. Petit entendit l'appel de l'Archevêque et de ses compagnons de martyre. Il remarqua très bien qu'on alla d'abord appeler Mgr Darboy à la première cellule au bout du corridor, où il fut placé le 22 au soir; mais il avait changé dans la journée pour en occuper une qui possédait une chaise. M. Petit s'avança pour les voir passer sous sa fenêtre (1); le P. Allard ouvrait la marche, les mains jointes; puis venaient Monseigneur et le président Bonjean; M. Petit et le P. Caubert se jettent à genoux et récitent

(1) Le livre du P. Perny fait erreur ici : le P. Allard était en tête au moment où il est passé sous la fenêtre de M. Petit : « M. Allard, a noté M. Petit, était, au contraire, en tête et s'avançant les mains jointes; derrière, venaient Monseigneur et M. Bonjean, se donnant le bras. » (Note de M. Petit.)

les prières des agonisants. Quelques instants après, des détonations se font entendre. C'était fini, le crime était consommé. Il était plus de 8 heures. Tout cela a été raconté avec les plus émouvants détails dans la *Vie de Mgr Darboy*, nous n'insistons pas. Un détail seulement : Sitôt après la mort de Monseigneur, ceux qui l'avaient frappé montèrent dans les cellules des victimes et s'emparèrent de ce qui avait été à leur usage. M. Petit entendit, après le départ de ces misérables, ces mots prononcés sans doute par quelque gardien indigné : « Descendre si bas! les assassins! »

Cette nuit et le jeudi furent une véritable agonie pour les otages, parce que, à chaque instant, ils s'attendaient à être appelés. M. Petit tenait sous la main la petite custode, prêt à se communier à la première alerte. Le jeudi, cependant, ils auraient eu une consolation, si la terreur, causée par l'attentat de la veille, et les appréhensions d'un avenir aussi affreux que prochain leur avaient permis d'en jouir; c'est que les détenus furent laissés en récréa-

6

tion, c'est-à-dire ensemble, depuis le matin jusqu'au soir 6 heures. Cela leur paraissait étrange et ils se tenaient sur le qui-vive. C'est pendant cette récréation du jeudi que les otages prêtres de cette section firent le vœu, sur la proposition du curé de Bonne-Nouvelle, s'ils survivaient, de dire, pendant trois ans, la sainte messe le premier samedi de chaque mois. Nous savons que M. Petit accomplit ce vœu fidèlement.

Le vendredi soir 26 mai, vers 5 heures et demie, eut lieu le second appel des condamnés. « Attention, dit avec brutalité le brigadier qui tenait la liste; il en faut quinze. » Il prononce les noms du P. Olivaint et du P. Caubert. M. Petit venait toujours sur la liste après ces deux noms, ou mieux, entre ces deux noms. Comment fut-il omis à ce moment décisif? Est-ce quelque gardien qui l'avait effacé ou demandé au brigadier de sauter son nom? On ne sait; mais cette omission fut aussi heureuse qu'extraordinaire. Le P. Caubert ne se doutait pas qu'il allait à la mort. « Père, vous

vous en allez? lui demanda M. Petit. — Non, répondit-il, nous sommes appelés au greffe. » Tous les Pères, du reste, à la récréation, avaient la même confiance.

Après le départ du P. Caubert, M. Petit alla dans sa cellule. Il avait été convenu entre eux « que celui qui survivrait se chargerait d'une lettre que celui qui partirait déposerait sur la fenêtre. » M. Petit ne trouva point cette lettre, elle n'avait pas été écrite, tant l'espérance du Père était grande. M. Petit prit le bréviaire du Père où il trouva le cantique qu'ils avaient chanté ensemble. Il conserva ce petit feuillet toute sa vie.

M. Petit remarqua le jeune séminariste Paul Seigneret (1), qui avait fait d'ardentes prières pour mourir et qui marchait d'un pas assuré et le visage souriant. On sait que ces otages

(1) « L'appel était terminé et les victimes descendaient sur-le-champ, sans faiblesse comme sans ostentation. Paul Seigneret, en passant près de la cellule entr'ouverte de M. Petit, secrétaire de l'Archevêché, le salua avec un geste d'adieu et son paisible sourire comme si rien d'extraordinaire ne fût arrivé. (*Paul Seigneret*, par un directeur de Saint-Sulpice, p. 320.)

firent partie des cinquante-deux victimes fusillées, ou mieux massacrées, à la rue Haxo, après avoir fait un trajet de près de 4 kilomètres, encore plus affreux que celui dont nous avons parlé, de Mazas à la Roquette. Les victimes étaient à pied et plus à portée, en quelque sorte, des outrages et même des voies de fait (1).

La nuit du 26 au 27 mai fut encore plus épouvantable, si c'est possible, que celle qui suivit la mort de l'Archevêque. Au bruit du canon et de la fusillade, aux lueurs des incen-

(1) Un des prêtres, épuisé par la fatigue, appesanti par l'âge, tomba. Il fut foulé aux pieds par une fille de dix-huit ans, cantinière au 174e bataillon. D'autres lui assénèrent des coups de poings. Quelques pas plus loin le P. de Bengy tomba sous les coups; Paul Seigneret lui tendit aussitôt la main; mais il reçut lui-même un violent coup qui le rejeta contre le mur. (*La Roquette*, par M. l'abbé Amodru, p. 57.)

Maxime Du Camp écrit de son côté : « La foule armée pressait les otages; des femmes leur « allongeaient » des coups de poings, des coups de griffe à travers les fédérés qui les gardaient. On criait : « Ici, ici, il faut les tuer « ici. » On chantait, on dansait, on hurlait. Les otages n'étaient pour ces furieux que des jouets humains que l'on allait torturer pour les amuser. » (*Convulsions de Paris*, t. I, p. 123-124.)

dies s'ajoutait un bruit singulier, qui venait de l'intérieur de la prison même, et dont M. Petit et ses voisins ne pouvaient se rendre compte. C'étaient, sans doute, les prisonniers des autres sections qui travaillaient à organiser leur défense.

Enfin, le jour se montre. Mais les gardiens paraissent inquiets, et l'un deux, plus exalté que les autres, allait et venait, tenant à la main un gros morceau de bois terminé par une barre de fer. Il entre chez M. Petit et lui dit : « Tenez-vous tranquille, Monsieur », et il ferme la porte, mais de manière que le prisonnier n'avait qu'à la pousser pour sortir dans le corridor. L'air effaré de cet homme faisait peur. M. Petit ne doute point que son dernier jour est arrivé, et il pense encore une fois à ceux qu'il aime ici-bas. Voici les quelques lignes qu'il écrivit. Son billet, adressé à M. Ducastel, porte en tête : « : Prière instante de vouloir remettre cette petite lettre à M. l'abbé Ducastel, curé de Puteaux, avec les livres et, si c'est possible, avec les autres quelques objets qu'on trouvera m'appartenant, à la cellule n° 10. »

« Cher bon Père, je m'attends à être appelé d'un moment à l'autre pour être fusillé, et je suis bien aise de vous donner encore un témoignage de ma tendre et toute filiale affection. Merci de tout le bien que vous m'avez fait. Ce mot renferme tout. Le bon Dieu me console et me soutient. Ma vie, du reste, est à lui; et, je l'espère, mon cœur aussi. Donc, il ne faut pas me plaindre. Dites-le à tous les miens et à ma chère sœur d'abord, et à ma chère Marie, ma nièce, et par elles, faites-le savoir aussi à mes autres parents. Je les embrasse tous et je leur recommande à tous très vivement de bien servir le bon Dieu et de vivre chrétiennement. Dites aussi à ma chère marraine que je suis touché de sa constante affection. Je l'aime et, à elle aussi, je dis *merci*. Bon souvenir à tous ses enfants. Comment ne pourrais-je pas me souvenir, en ce moment, de notre chère communauté de Laon, de MM. Lévêque, Suin,

Piot, et de notre bonne mère Renoult et des membres de sa famille; d'Adolescente, si dévouée; du petit Paul Pinet; d'Augustine et de tous nos autres amis communs. Merci encore une fois à Louise, ma fidèle et dévouée domestique. Elle dira tous mes sentiments à M. Peyrade (1), à mes Sœurs de Montrouge, à celles de Marie-Thérèse, aux Grand, etc. Tous ensemble, remercions le bon Dieu; un jour, tous aussi, nous nous retrouverons avec lui,

(1) Ame droite, loyale et honnête, M. Peyrade, appelé quelquefois familièrement *Péradou*, est souvent mentionné dans les lettres de M. Petit. Il fut son homme de confiance et souvent son intermédiaire dans ses rapports avec les administrations financières. Il était chargé des écritures du secrétariat.

Il fut pendant vingt-huit ans le secrétaire général, intelligent et dévoué, de l'Œuvre de la Sainte-Enfance. Il entra en fonctions en 1859 quand Mgr de Girardin en devint directeur, et jusqu'au 1er mai 1877, il a toujours été à la tâche. Mgr de Girardin l'emmena à Rome pendant le Concile en 1870, et le présenta à Pie IX qui le reçut avec bonté et dit en souriant : « Voilà donc le Père de la Sainte-Enfance. » Il fut cette année-là même nommé chevalier de Saint-Grégoire le Grand. Jamais décoration plus méritée.

M. Petit voulut qu'il fit, à titre gracieux, le pèlerinage de Rome pour les Noces d'or de Léon XIII.

La mort de M. Petit a porté un coup à sa santé. La

et alors la joie toujours, le bonheur de s'aimer sans tristesse aucune.

« Auriez-vous la bonté de disposer à mon intention d'une somme de 100 francs en faveur d'un séminariste. J'attendais une occasion pour le faire moi-même, mais un fils a confiance dans son Père.

« Je me recommande instamment aux prières de tous et si, comme j'ai la douce et ferme confiance, notre Dieu me fait miséricorde, auprès de lui, à mon tour, je n'oublierai personne.

dernière fois que nous l'avons vu, c'est au Service qui fut fait à Marie-Thérèse pour M. Petit, en octobre 1888. Il ne cessait de répéter : « Quelle perte pour le diocèse! quelle perte pour le diocèse! » Il pouvait parler ainsi, lui qui avait été initié aux secrets de la partie la plus considérable de l'administration de son vénérable protecteur. Il a succombé au mois de mars dernier. Ses obsèques eurent lieu à Saint-François Xavier, le samedi 16 mars. Tous les secrétaires de l'Archevêché que le service ne retenait point dans les bureaux, y assistèrent, ainsi que le chanoine Reulet, l'abbé Pinet, etc. M. Pelgé, archidiacre de Sainte-Geneviève, donna l'absoute. M. Poudroux fit la conduite et dit les dernières prières, comme l'aurait fait M. Petit, sur la dépouille mortelle de cet homme utile, dévoué et fidèle, qui a rendu tant de services au Diocèse et à l'Œuvre de la Sainte-Enfance!

« Je vous embrasse et vous aime en Notre-Seigneur.

« Édouard Petit. »

« Prison de la Roquette, n° 10,
27 mai 1871, vigile de la Pentecôte. »

M. Petit écrivit cette lettre en double une première fois au crayon en toute hâte. Puis, voyant que le troisième appel des condamnés ne commençait pas, il recopia son billet à l'encre. Il venait de le terminer, vers 4 heures, lorsqu'un bruit formidable et des cris intenses, prolongés de : Vive la Commune! se font entendre. Puis les cris cessent, et on n'entend plus que les pas de gens qui s'éloignent. Les otages inquiets, qui avaient passé par les plus poignantes alternatives, se demandaient encore ce qui avait produit ce fracas extraordinaire de cris violents et de pas de fuyards précipités, et ce que signifiait le silence qui avait suivi, lorsque les grilles de la section s'ouvrent, et aussitôt après, avec célérité, les portes de toutes les cellules! C'étaient les gardiens et leurs auxiliaires qui délivraient les détenus. « Vite, vite, sauvez-vous ! criaient-ils. Vite, sauvez-vous ! » Stupeur des otages !

Que s'était-il donc passé ? Comment expliquer ce cri de liberté et de délivrance, lorsqu'on attendait l'appel pour être fusillé ?

Ici nous substituons, en l'abrégeant, le récit de Maxime Du Camp à celui de M. Petit, semblable pour le fond, mais moins précis dans les détails.

Le délégué de la sûreté générale, François, directeur de la prison, et une troupe de fédérés en armes revenaient de conduire à Belleville quelques centaines de soldats de l'armée régulière prisonniers ; ils rentraient dans la prison pour enlever également, et ceux-là pour les fusiller, le reste des otages. Ceux-ci, comme on le sait, s'étaient barricadés, avaient fait armes de tout, bien résolus à vendre chèrement leur vie, et ils étaient une centaine !

Impossible, avec le petit nombre de fédérés qu'il avait sous la main, d'avoir raison d'eux. Le temps pressait, Ferré eut vite son plan :

« Faire cause commune avec les criminels; jeter ceux-ci, appuyés par les fédérés, dans les escaliers, démolir les barricades et, coûte que coûte, se rendre maîtres des otages récalcitrants. »

Aussitôt il s'adresse aux condamnés de droit commun, déjà surexcités et en insurrection, parce qu'ils croyaient que les obus avaient mis le feu à la prison. Celle-ci, en effet, était remplie de fumée. Mais cette fumée provenait d'une tentative d'incendie faite par ordre du brigadier Ramain contre une barricade de matelas des otages. C'est à ces hommes menaçants et affolés tout à la fois qu'on vient dire : « Criez Vive la Commune, et vous aurez la liberté. » Les détenus, d'une voix, crient et crient encore : « Vive la Commune! »

C'est ce cri formidable qu'avaient entendu les otages de la 4e section, sans en comprendre la cause et la portée. Condamnés et fédérés fraternisaient! Réunis, ils allaient « tenter d'escalader les sections barricadées, lorsque ce mauvais monde disparut subitement, comme une volée de corbeaux effarouchés. Jamais, sur aucun théâtre, changement à vue ne fut plus rapide ».

Comment s'était produite cette merveille?

« A l'entrée même de la Grande-Roquette, sous la voûte où s'ouvrent la porte et le premier guichet, quelqu'un dont il a toujours été impossible de constater l'identité, — un loustic, — un homme de génie, un effaré, s'écria : « Voilà les *Versaillais!* » — Ce fut une débandade. Ferré et François se lancèrent à cheval; les fédérés filèrent par les rues voisines; les détenus firent irruption sur la place et, en moins de deux minutes, la prison fut débarrassée des hôtes sinistres qui l'encombraient. » Jamais panique plus complète!

Comment Ferré et sa bande n'eurent-ils pas la pensée, devant la résistance des otages barricadés, d'aller prendre ceux de la 4e section où était M. Petit? C'est qu'ils la croyaient complètement vide depuis la veille. Et puis on savait peut-être que les gardiens avaient déclaré qu'ils n'ouvriraient point les grilles.

M. Petit hésita un instant : « Si nous allions être massacrés dans les escaliers ou dans la cour », se disait-il à lui-même. Sans le savoir, il craignait le sort arrivé la veille à des otages ainsi attirés au rez-de-chaussée. Il descend cependant avec les autres.

Mais comment sortir en soutane? La transformation est vite accomplie. M. Chevriaux, proviseur du lycée de Vanves, offre son pardessus; un infirmier, son képi, et un condamné de droit commun, auxiliaire, « légèrement ému », offre son pantalon. Mais il est un peu court et les souliers portent des boucles! Celles-ci sont arrachées et le pantalon descendu le plus possible. Un foulard rouge mis autour du cou complète le déguisement.

Avant de s'éloigner de l'infirmerie où s'est opéré ce changement, M. Petit se recueille un instant et consomme la sainte hostie qu'il avait gardée pour l'heure suprême. Quelle communion!!! Puis il demande au jeune homme qui lui avait cédé son képi de lui rendre le service de faire parvenir à son adresse la dernière lettre que nous venons de citer. Comme il hésitait : « Vous pouvez la lire, dit M. Petit, il n'y a rien de compromettant. » Sans autre retard, le petit groupe d'otages franchit la porte de la Roquette.

Enfin, voilà M. Petit hors de la prison avec Mgr Surat, MM. Bayle, Bécourt, Chevriaux, Houillon... La place est déserte ; de quel côté se diriger ? Mgr Surat, MM. Bayle, Bécourt, Houillon, se dirigent vers la rue Saint-Maur et tournent à gauche pour gagner le boulevard du Prince-Eugène, aujourd'hui Voltaire. M. Petit, lui, au contraire, s'engage dans la rue Saint-Maur, dans le sens opposé. C'est du moins ce que nous croyons comprendre d'après les notes que nous avons sous les yeux. Plusieurs fois nous avons sollicité M. Petit de refaire, avec nous, cette terrible pérégrination, mais jamais nous n'avons réalisé ce projet plusieurs fois formé. Nous connaissons la physionomie des deux prisons de la Roquette, de la place ; nous avons pieusement visité l'endroit où fut enterré Mgr Surat, mais nous ignorons où était le hangar où s'abrita M. Petit et la maison d'où il fut repoussé par une jeune fille. Maxime Du Camp dit en parlant de sa fuite et de celle d'autres otages, qu'ils « tourbillonnèrent au hasard, à travers les rues balayées par les balles et les paquets de mitraille ».

Mgr Surat et ses compagnons rencontrent une barricade près de la rue de Charonne : « D'où venez-vous, où allez-vous? demandent les fédérés, vos cartes... — Nous sommes des otages, des prêtres, qui venons de la Roquette! — Ah! des otages, des curés!!! » Et ils sont couchés en joue et fusillés (1). Au même moment, dans une autre direction, un commissaire de police, sorti avec eux de la Roquette, M. Rabut, est arrêté aussi devant

(1) D'après une version très accréditée dans le faubourg Saint-Antoine, ce serait une jeune fille de seize ans qui aurait tiré, à bout portant, le premier coup de revolver sur Mgr Surat, en proférant d'horribles blasphèmes. Ce qui est hors de doute, c'est que le corps du vénérable archidiacre fut l'objet de si atroces fureurs qu'il fallut un long et minutieux examen pour le reconnaître. (*La Roquette*, par M. l'abbé Lamazou, p. 300.)

un marchand de vin, près d'une barricade. « Où vas-tu? D'où es-tu? — Je suis un pauvre « galérien; je me sauve de la Roquette; lais- « sez-moi passer. » Les hommes hésitaient, lorsqu'une femme cria : « Je le reconnais, « c'est un bon, ne lui faites rien! Allons, file! »

« En se faisant passer pour un galérien évadé, ajoute Maxime du Camp, il avait eu la vie sauve, comme Mgr Surat avait été assassiné, parce qu'il avait confessé qu'il était prêtre. Ces deux faits rapprochés l'un de l'autre sont toute l'histoire de la Commune. »

M. Bayle n'échappa à la mort que parce qu'il voulut jeter dans la cour d'une maison un paquet renfermant la soutane de Mgr Surat. Les bordures rouges de cette soutane attiraient l'œil et l'attention, et il ne fallait pas être remarqué. A peine a-t-il jeté le paquet qu'une femme lui crie, d'une fenêtre : « Emportez, emportez votre paquet, vous allez nous perdre. » M. Bayle obéit et porte la soutane dans la cour d'une autre maison ou plutôt dans une rue transversale. Quand il voulut rejoindre ses compagnons, ils étaient déjà entre les mains des fédérés. Plus heureux que M. Petit, il ne tarda pas à trouver, boulevard Voltaire, une maison hospitalière qui le reçut et le garda. « Nous avons des prêtres dans notre famille, disait la maîtresse de la maison; nous mourrons s'il le faut pour vous sauver. »

Cependant, M. Petit aperçoit, au bout de la rue Saint-Maur, une femme qui s'entretenait avec deux hommes. Il alla à elle et lui demanda de le cacher. « Je ne puis », répondit-elle, « à cause de mes deux enfants. » A ce moment se montrent, se dirigeant vers nos interlocuteurs, quatre fédérés, les fusils en bandouilière. Leur mine n'annonçait rien de bon. M. Petit rebroussa chemin, et il avait à peine fait quelques pas que la femme à laquelle il vient de parler lui crie : « Sauvez-vous, cachez-vous », et lui de fuir affolé. Il entre, essoufflé, dans une cour, et se cache dans un hangar derrière des planches. Les balles sifflaient autour de lui et sur sa tête.

Au bout d'une demi-heure, un calme relatif s'était fait et, nul fédéré n'apparaissant alors dans la rue, M. Petit prit le parti de retourner à la prison comme dans l'endroit qui offrait, à cette heure, le plus de sécurité dans tout le quartier. Il voit, cependant, une boutique entr'ouverte; il y entre et trouve trois femmes assises. Il leur demande s'il peut passer au bout de la rue. Les deux plus âgées semblent bienveillantes et seraient disposées à sauver le prêtre qu'elles ont reconnu sous son bizarre déguisement. La plus jeune, elle pouvait avoir dix-sept ou dix-huit ans, ne l'entend pas ainsi. « Est-ce que vous n'êtes pas un curé ? Il vient déjà d'en passer quatre. A qui ce képi que vous avez sur la tête ? Vous allez nous compromettre! » Et elle indiquait la porte.

M. Petit sortit et hâta son pas vers la prison. En revoyant les murs de la Roquette il se crut sauvé, et commença à respirer. Il faillit donner dans un groupe d'hommes qu'il vit, à sa gauche, contre le mur de la Petite-Roquette, penchés vers la terre ; mais voilà qu'ils se redressent en agitant un drapeau rouge. A cette vue, il s'arrêta court, et bien lui en prit. Il sut plus tard que c'étaient les fédérés qui enterraient Mgr Surat et M. Bécourt, fusillés à cette place même. Si M. Petit avait été reconnu, il eût été fusillé et jeté dans la même fosse. Ce souvenir le faisait frémir (1).

Enfin, M. Petit est à la porte de cette prison qu'il a quittée tout à l'heure, et où il aspire à rentrer pour sauver sa vie. Mais n'a-t-elle pas été réoccupée par les fédérés, depuis qu'il l'a quittée? Le factionnaire le laissera-t-il passer? Il se posait encore ces questions, avec une terrible anxiété, lorsqu'il est reconnu par un gardien qui se trouvait là par hasard. Grâce à son intervention, M. Petit peut entrer.

(1) Nous avons donné ce détail tel que nous l'avons entendu. Voici les termes du *Récit inédit* où il n'est nullement question de cadavres, comme on l'a écrit : « Je vis des hommes penchés à terre. J'eus d'abord l'idée de m'adresser à eux; mais j'aperçus un drapeau rouge. Cela m'arrêta net. Je ne comprenais en ce moment ce qu'ils faisaient : ils enterraient Mgr Surat; si je m'étais approché, mon affaire était bonne. »

Il se dirige immédiatement vers l'infirmerie, où les surveillants disent qu'il pourra plus facilement se cacher. Le chef infirmier était un jeune étranger, un Polonais de bonne famille, bien élevé, condamné à dix-huit mois (1) de prison pour quelque entraînement de la vie parisienne. Il se montre bon pour M. Petit et deux ou trois autres otages, qui avaient eu également l'inspiration de se réfugier dans la prison et qui se confièrent à lui. « Soyez tranquille, disait-il à M. Petit, et faites ce que je vais vous dire. Je vais vous arranger de manière à ce qu'on ne vous reconnaisse pas. Voilà un lit dont le malade vient de partir; je vais y mettre des draps blancs; voici le bonnet qu'il portait; enfoncez-le bien sur votre tête; prenez cette robe grise, couchez-vous, et rappelez-vous votre nouveau nom et votre numéro. Le directeur qui était disparu est revenu; il va faire sa visite; ne bougez pas et

(1) Par un *lapsus calami*, nous avions écrit *ans* pour *mois* dans notre manuscrit; cette erreur a été imprimée dans l'opuscule dont nous parlons plus loin.

faites le mort, et s'il vous interroge, je me charge de répondre. »

Le danger était plus grand que ne le pensait M. Petit. Il sut depuis que des fédérés étaient revenus en nombre, vers 8 heures et demie, et qu'ils avaient fait une nouvelle tentative pour mettre le feu aux barricades des sections qui se défendaient. A ce moment, ils auraient demandé les otages de la section de M. Petit, ou quatrième : « Tous partis », répondirent les gardiens. Alors quelques fédérés visitent les cellules désertes, recueillent quelques effets, prennent ce qui était à leur convenance, et brûlent les bréviaires et autres livres au milieu de la cour. Ils ne quittèrent définitivement la prison que vers 11 heures du soir. Maxime Du Camp ne semble point admettre ce retour des fédérés dans la soirée, à la nuit. « La panique fut si grande, dit-il, qu'ils ne revinrent plus. »

Que dut être cette nuit ! C'était la cinquième qu'on passait ainsi, la mort, et quelle mort ! suspendue sur la tête. Vers 4 heures du matin, — il faisait déjà grand jour, — le jeune infirmier, éveillé en sursaut, saute de son lit et crie : « Attention, messieurs, et rappelez-vous vos noms. » Presque au même instant paraît à la porte un colonel tenant une épée d'une main et un revolver de l'autre. C'était le colonel Des Plas (1). « Vive France! cria-t-il.

(1) Nous avons trouvé dans l'*Appendice*, récemment publié, d'un ouvrage sur la Commune que le colonel Des Plas était mort jésuite à Brest, en 1888. L'auteur n'a pas été heureux en trouvant et en publiant ce fait. Ça été notre impression à première vue; mais pour plus de sûreté, nous avons écrit à un officier général de la marine, ami du défunt R. P. Des Plas. Voici sa réponse : « J'ai connu, en effet, beaucoup le P. Des Plas pour lequel je professais autant d'attachement que d'admiration. Il était capitaine de vaisseau avant sa mise à la retraite (limite d'âge) et son entrée au séminaire d'Angers, en 1869 (*ou mieux au noviciat des Jésuites*); le journal *l'Océan* que je vous envoie résumait d'ailleurs, au lendemain de ses obsèques, sa vie si bien remplie. Vous constaterez qu'il n'y est point fait mention de sa participation à la délivrance des otages de la Commune. Je crains, en effet, qu'il n'y ait eu confusion. Le R. P. Des Plas avait plusieurs frères; l'un d'eux, il me semble, a été *colonel;* peut-être est-ce de ce dernier dont il vous a été parlé. »

Le journal *l'Océan*, dans sa biographie très étendue, ne dit nullement que le P. Des Plas ait quitté le noviciat pour reprendre l'épée, pendant la guerre de 1870.

Vous êtes en liberté. Où est l'Archevêque? »

« Je le regardai bien, racontait M. Petit. Un pantalon rouge! Il y avait si longtemps que je n'en avais vu! Et je m'élançai, les larmes aux yeux, au cou du colonel. — Vous ne savez donc pas que l'Archevêque est mort? Ils l'ont fusillé mercredi soir. — Oh! les misérables! » s'écria le colonel. Et il sortit pour aller, sans doute, faire connaître cette triste nouvelle à ses chefs.

« Nous commencions à nous habiller lorsque retentit le cri : « Cachez-vous, les prêtres! « voilà les fédérés! »

Quelle transition! S'être cru sauvé, libre, et être massacré un instant après! Avoir éprouvé cette immense joie, être assassiné dans un lit! M. Petit ne redisait jamais sans émotion cet affreux détail de sa captivité. Mais cette impression violente ne dura pas. Les fusiliers de la marine qui avaient été pris pour des fédérés entrent dans la salle au cri de : « Vive France! »

Comme les otages les regardaient, étonnés :

« Nous sommes de l'armée de Versailles », dirent-ils. Et les pauvres otages se jetèrent dans les bras de leurs nouveaux libérateurs (1).

Restait à faire cesser la résistance des gendarmes et des ecclésiastiques, qui se défendaient dans une des sections de la prison et ne voulaient point reconnaître leurs libérateurs. M. Petit alla avec les officiers parlementer avec eux. « Je suis M. Petit, de l'Archevêché, leur dit-il. Ayez confiance et

(1) La santé de M. Petit se ressentit un peu de cette terrible secousse et nous retrouvons cette indication dans une lettre écrite en juin 1871 par l'ami déjà cité :

« J'ai retrouvé mon ami Petit souffrant : la réaction s'est produite après les épouvantables émotions de la Roquette. C'est un vrai miracle s'il a échappé à ces cannibales. Croiriez-vous qu'il a été repoussé, rejeté dans la rue dans trois maisons? Dans l'une, c'est une jeune fille de *dix-huit ans* qui a forcé sa mère de repousser ce prêtre. Force lui a été de rentrer dans la prison où des assassins et des voleurs ont été plus compatissants qu'une jeune fille! Ils l'ont déguisé sous leur costume et c'est ainsi qu'il a échappé aux fédérés qui le cherchaient dans les cellules pour le massacrer. Que de traits et d'anecdotes à raconter sur cette terreur de la Commune! Si les femmes ont été atroces du côté de l'insurrection, elles ont été admirables du côté de l'ordre. L'histoire le dira un jour. »

rendez-vous. — Vous, Monsieur Petit? — Oui, moi! » et il leur montrait un grand crucifix qui ne l'avait point quitté.

Mais ils n'étaient point convaincus. Alors M. Petit alla demander sa soutane à l'infirmerie, où elle avait été cachée la veille, avant sa sortie, et il se montra de nouveau : « Me reconnaissez-vous, maintenant? » Mais le brave turco qui commandait continua à se montrer incrédule et défiant, n'oubliant pas que dix-sept camarades avaient été fusillés la veille pour avoir eu confiance dans les fédérés qui leur offraient la liberté. Il ne voulut croire qu'il avait affaire à l'armée de Versailles que lorsqu'il eut obtenu que le colonel Des Plas lui livrât un revolver et vingt chassepots. En un instant, la barricade disparut, et quatre-vingt-deux prisonniers vinrent se jeter dans les bras de leurs sauveurs. C'était un excès de joie après toutes les horreurs d'une agonie. Quelle reconnaissance pour Dieu! C'était le jour de la Pentecôte. Avec quel cœur les otages délivrés remercièrent Dieu! M. Petit disait qu'il n'avait compris ce qu'était la prière qu'en prison; mais on peut dire aussi bien qu'on ne sait ce qu'est l'action de grâce pour les bienfaits de la vie, quand on n'a pas touché de si près à la mort!

Le colonel Des Plas fit escorter par un détachement les otages sauvés jusqu'à Mazas, où tout danger avait disparu. Chacun reçut du colonel un *laissez-passer*. Nous avons encore celui de M. Petit, ainsi libellé :

« Laissez passer le porteur du présent, qui était retenu comme otage à la Roquette.

« *Le colonel chef d'état-major :*

« DES PLAS.

« 28 mai 1871. »

M. Petit ne rentra chez lui que dans l'après-midi du jour de la Pentecôte; sa captivité avait duré cinquante-cinq jours (1).

(1) Nous avons dit, d'après le récit de M. Petit, confirmé et complété par d'autres documents, quelle fut sa captivité et comment il échappa à la mort, après une

véritable agonie de quatre jours. Que nos lecteurs nous permettent de leur montrer ce qu'on fait de l'histoire, même contemporaine, quand on écrit d'après des ouï-dire recueillis de droite et de gauche, sans choix ni contrôle, et nous dirions sans scrupule, si les bonnes intentions des auteurs n'étaient connues. Pour le directeur des *Annales de l'Archiconfrérie Réparatrice* de Saint-Dizier, voici comment M. Petit a été sauvé : « M. Petit « dut la vie à deux circonstances qu'on nous permettra « de raconter brièvement. On venait de faire l'appel de « plusieurs victimes et, par hasard, la porte de la cel« lule de M. Petit était restée ouverte. Il en profita pour « sortir, sans rencontrer personne. M. Petit avait déjà « parcouru un bon bout de chemin dans les rues dé« sertes et retentissantes de la fusillade des communards « et des Versaillais, quand réfléchissant aux chances « terribles qu'il avait de tomber entre les mains des ban« dits dont il ignorait la déroute devant les soldats de « Mac-Mahon, il revint bravement sur ses pas à la prison « de Mazas. » (Pour le pieux écrivain, Mazas ou la Roquette, c'était la même chose.) « Il en avait déjà franchi « les portes quand la femme du concierge lui cria : « Mais où allez-vous donc? Vous courez au-devant de la « mort. Et cette femme prenant pitié du pauvre prêtre « dont la vie était entre ses mains, le cacha derrière ses « meubles, jusqu'à la venue des Versaillais, avec les« quels Paris recouvra sa liberté. »

Dans les lignes qui précèdent celles que nous venons de citer, le même historien attribue, la tenant d'un ami de M. Petit, une conversation entre Mgr Darboy et son chancelier. Cette conversation, dont on ne trouve aucune trace dans le *manuscrit* qui a servi à notre récit, ni dans le livre du P. Perny, ni dans les souvenirs des nombreux amis *connus* de M. Petit, aurait eu pour objet une prophétie faite à Mgr Darboy, à Rome, en 1867, en présence de M. Petit (qui y alla pour la première fois en 1873), d'après laquelle Mgr Darboy devait « *être fusillé par les communards en* 1870 » (sic). *Mgr Darboy*, selon le même auteur, aurait *applaudi en riant* à cette prophétie, « *qui parut même ne laisser aucune trace dans l'esprit du prélat* ». Double contradiction, puisque, d'après ce même historien, Mgr Darboy l'aurait confiée en quelque sorte sous le sceau du secret (tant elle était grave), à quelques rares personnes, dont serait M. Petit, au dire d'un ami resté inconnu.

Cette note était déjà sous presse lorsqu'un de nos amis, l'abbé A. H., qui revient de Saint-Dizier, nous dit avoir entendu répéter que l'ami *inconnu* qui avait reçu de M. Petit la confidence de la prophétie, n'était autre que l'abbé Navet, premier vicaire de Saint-Germain des Prés. Il aurait fait cette révélation dans des réunions ecclésiastiques au diocèse de Langres. Aussitôt, nous lui avons écrit pour savoir si l'ami *inconnu*, depuis longtemps réclamé, était trouvé. M. Navet fut un des plus intimes de M. Petit, et un témoignage demandé *après coup* par le directeur des *Annales de l'Archiconfrérie* aurait eu une importance décisive s'il eût été affirmatif! Voici la réponse de M. Navet.

« Mon cher ami,

« Vous êtes bien bon de me communiquer ce que l'abbé H. vous a rapporté de Saint-Dizier, au sujet de la soi-disant prophétie. Il parait qu'on dit que c'est l'abbé Navet qui a fait ce récit merveilleux en pleine réunion de prêtres, à Saint-Dizier, à Hoëricourt, sans doute?... Mais c'est un comble! J'oppose à cette explication un peu tardive du mystérieux personnage le plus formel démenti, quels qu'en soient les auteurs.

« Jugez de la fausseté de cette assertion.

« Au mois de décembre 1888, je reçois de M. Servais, directeur des *Annales*, en même temps que le fameux article que tout le monde connait, une lettre dans laquelle le bon curé me consulte, *sous la foi du secret*, et me demande ce que je pense de cet article, ce qu'on pense à Paris de la prophétie, si j'en ai moi-même entendu parler par M. Petit, ou par ses amis, ou par son entourage. Il ajoute qu'il s'est décidé à publier ce récit. à faire cet article, parce que M. l'abbé Guidon, mon vieux camarade, en avait parlé plus de dix fois devant lui et devant plusieurs prêtres avec une persistance telle que lui, directeur des *Annales*, ne pouvant douter de la mémoire très fidèle de son ami, avait cru devoir négliger, à son grand regret, la protestation de Mlle Darboy, etc.

« J'ai répondu immédiatement que je n'avais aucune connaissance de la prophétie, que je l'avais apprise par l'article de ses *Annales*, que ni M. Petit, ni aucun de ses amis n'en avaient jamais parlé, que la partie de l'article relative à la Commune était inexacte dans ses détails, que Mlle Darboy avait raison de se plaindre, etc.

« Or, mon cher ami, je n'ai pas reçu de réponse, et, de ma lettre, il n'a pas dit un seul mot dans les *Annales*. Pourquoi? Et ensuite, comment peut-on me consulter, à Paris, sur un récit que j'aurais fait à Saint-Dizier, quelques mois auparavant? Ce qu'il y a de plus fort, c'est que j'ai écrit en même temps une longue lettre à l'abbé Guidon, curé de Hoëricourt, voisin et ami de M. Servais, pour lui témoigner assez vivement ma stupéfaction, lui reprochant d'avoir fait ou inspiré le fameux article *de l'aveu même* de M. Servais, et de ne m'avoir jamais parlé de la *prophétie* ni en particulier ni en public, ni à Paris, ni dans les différentes étapes de son ministère où je le suivais toujours, ni à l'occasion de ses *noces d'argent* où il y avait un grand nombre de prêtres, ni à l'occasion des *noces d'or* de M. le Curé de L., lui faisant observer que spécialement dans ces deux grandes réunions se trouvaient M. Servais et votre serviteur qui aurait pu répondre, et du reste aucun prêtre n'en a parlé dans ces réunions et pas de réponse non plus!

« Et voilà qu'aujourd'hui c'est moi qui ai pris la parole, publié le secret...

« En vérité, c'est un comble, je le répète... J'aime mieux dire qu'on a rêvé pour ne pas reconnaître qu'on a été déloyal et malveillant.

« Bien à vous, mon cher ami.

« V. NAVET. »

Nous n'avons pas à rechercher s'il y a eu ou non une prophétie, mais si M. Petit en a reçu la confidence et s'il en a lui-même parlé à un de ses amis. Sur ce dernier point, on ne donnera jamais de preuve. Dans tous les cas, avoir reçu une telle confidence ne serait ni une honte ni un crime. Que l'ami inconnu, qu'on dit avoir reçu cette confidence, se fasse connaître !

Nota bene. — Il a paru, aux premiers jours d'avril 1889, mais portant la date du 30 *octobre* 1888, un opuscule qui a pour objet M. Petit pendant la Commune. Ce travail n'est guère que l'analyse et souvent la copie textuelle de ce que nous avons dit nous-même. Nous y avons trouvé jusqu'aux erreurs de notre manuscrit. Cette ressemblance ne peut s'expliquer que par ce fait que notre manuscrit a été oublié, le 15 mars, vers 10 heures du matin, sur la banquette de l'omnibus Saint-Sulpice la Villette, entre la gare de l'Est et la porte de Flandre. Notre oubli était à peine commis que nous nous en apercevions ! Nous pensions, d'après certaines indications, que le manuscrit aurait été déposé immédiatement au presbytère d'Aubervilliers, où nous le fîmes réclamer *sans tarder*, mais nous ne l'eûmes que le lendemain par une autre voie. Nous remercions la personne qui nous l'a renvoyé, sans se faire connaître, tout en regrettant qu'elle n'ait pas mieux gardé un dépôt qu'elle avait eu la charité d'accepter.

VIII

Ces jours, surtout les derniers, laissèrent dans son âme une trace ineffaçable, toujours vivante. Il avait fait le sacrifice de sa vie, il ne voulut plus la rattacher à la terre.

Il ne vécut plus ou plutôt ne vécut surtout que pour Dieu et l'Église. Politique, affaires humaines, n'avaient plus d'intérêt pour lui. Il attribuait son salut à Notre-Dame des Victoires et à un vœu fait en son honneur à la Roquette; aussi sa dévotion pour sa Mère du ciel, déjà si grande, fut-elle, à partir de cette époque, plus grande encore. Chaque année, il célébrait l'anniversaire de sa délivrance, mais seul et en renouvelant son sacrifice. « Ce matin, écrivait-il l'année passée, le 24 mai, j'ai dit la messe à Notre-Dame des Victoires, et puis, sans rentrer chez moi, je suis venu m'enfermer à Saint-Prix pour y passer la journée en silence. C'est de cette façon que je célèbre un des anniversaires les plus sérieux de ma vie. Voici dix-sept ans que les horreurs de la Commune se sont commises. Dix-sept ans! A quand pour nous la fin réelle en ce monde? Donc, de plus en plus et de mieux en mieux, n'est-ce pas ici-bas et là-haut? »

Ce temps de la captivité donna occasion et matière à de nombreux actes de bonté et de charité de la part de M. Petit. Il témoigna de toutes façons sa reconnaissance à tous ceux qui furent bons et serviables pour lui. Tantôt c'était un gardien de ces prisons qui avait recours à lui pour obtenir de l'avancement, et tantôt quelque *auxiliaire* qui demandait des secours. Les prisonniers qui furent si dévoués à l'infirmerie de la Roquette ne furent pas oubliés. On fit des démarches pour faire abréger leur peine ou pour leur obtenir grâce entière. C'est assez dire qu'on ne recula pas non plus devant des sacrifices considérables d'argent.

Nous croyons nous rappeler aussi que les surveillants, dont la bienveillance pour les otages fut plus que douteuse, reçurent des bienfaits de lui. En un mot, de ceux qui eurent affaire à lui en ces tristes jours, il n'oublia que ceux qui lui avaient fait ou voulu du mal, et encore il pria pour eux et, à l'occasion, se fit-il un devoir de les obliger! « On nous communique, dit *la Semaine* de Soissons, un trait bien remarquable de la vie de M. Petit : « Au lendemain de la Commune, « dans les premiers jours du mois de « juin 1871, M. l'abbé Petit, accompagné d'un « magistrat et de M. Edmond Lozé, parcou- « rait les salons de l'Archevêché de Paris. « Sur la porte de la salle à manger, se trou- « vait affichée la liste des fédérés qui avaient « occupé le palais. L'abbé Petit arracha vive- « ment cette liste et, malgré les instances, « refusa de la communiquer. Le vénérable

« ecclésiastique qui avait été détenu à la Ro-
« quette se vengeait, à peine sorti, en couvrant
« les complices des assassins de Mgr Darboy.
« Ainsi fait la charité chrétienne. »

Depuis les jours de la Commune, nous avons souvent entendu M. Petit parler de M. Chevriaux et du « brave Pierre Braquond ». C'étaient deux amis nouveaux. Un mot sur ses relations avec ces deux hommes de nature et surtout d'éducation différentes. On verra, une fois de plus, comment M. Petit savait se faire tout à tous, se mettre de pair avec les plus nobles et les plus affinés et se familiariser avec les plus humbles et les plus modestes.

On sait l'admirable lutte de générosité qui eut lieu à la Roquette, les 26 et 27 mai, entre M. Guerrin, prêtre des Missions-Etrangères, et M. Chevriaux, proviseur du lycée de Vanves. On se croyait au moment d'un troisième appel des condamnés. M. Guerrin offre à son compagnon et voisin de captivité de prendre sa place et de mourir pour lui. « Personne ne me connaît ici (il était en habits laïques), je répondrai à l'appel de votre nom et tout sera dit. » Mais si l'un s'obstinait à s'offrir en sacrifice, l'autre s'obstinait à refuser cette héroïque substitution.

Les événements dont nous avons parlé mirent fin à ce combat de la charité chrétienne en ouvrant la prison aux deux otages. M. Chevriaux voulut appartenir, dès ce moment, d'une manière pratique, à la religion qui inspirait un tel dévouement. Il tomba à genoux et demanda à se confesser à celui qui avait voulu être son libérateur.

« Le lendemain de cette scène, le 28 mai, jour de la Pentecôte, au séminaire des Missions-Étrangères, M. Guerrin chantait la grand'messe. En se retournant, il vit à la table de communion un homme inconnu à toute la maison, mais dont l'arrivée inattendue le remplit d'admiration et fit couler ses larmes : c'était M. Chevriaux. Celui-ci ignorait si son héroïque compagnon de la veille était sauvé, il venait communier dans l'église que ce prêtre desservait si dignement; en ayant la joie de recevoir son Dieu, il eut celle de revoir sain et sauf celui qui lui avait fait goûter la vérité du christianisme. »

Le P. Guerrin, devenu l'ami de M. Chevriaux, resta son directeur de conscience jusqu'à ce qu'il entra, comme moine, à la Grande-Chartreuse (1).

Voilà quel était le nouvel ami de M. Petit. M. Chevriaux avait aidé à son déguisement au moment de la sortie de la Roquette et M. Petit n'oublia jamais son empressement en cette occasion. Ce fut le point de départ des relations de la plus affectueuse amitié. « Ils aimaient à se retrouver ensemble et à parler de ces tristes jours où ils avaient tant souf-

(1) La veille de Noël 1874, dit Mgr Besson, le très regrettable évêque de Nîmes, j'étais dans la chambre de M. l'abbé Guerrin, au Séminaire des Missions-Etrangères. On frappa doucement à la porte et j'entrevis à peine le visiteur en me retirant. Son air modeste et recueilli, son regard vif et pénétrant, sa tenue d'universitaire bien élevé me frappèrent en un clin d'œil : « C'est votre pénitent de la Roquette, dis-je à l'abbé Guerrin, et il vient se confesser pour les fêtes de Noël? — Oui, répondit le missionnaire. Vous le connaissez donc? — Non, mais je l'ai deviné. »

fert et du danger si grand dont Dieu les avait préservés. »

« Mon père, a écrit Mlle Chevriaux, avait en M. Petit la plus grande confiance, il appréciait cette âme si simple, si franche et si loyale. Dans les derniers temps de sa longue maladie, il recevait, presque tous les jours, la visite de son pieux ami et, avant de mourir, c'est à lui qu'il avait confié le soin de sa fille. »

M. Petit s'est acquitté avec bonté et dévouement de la mission que lui avait confiée son ami mourant. Mlle Chevriaux aspirait à consacrer sa vie à la charité et à l'enseignement des enfants du peuple. M. Petit l'aida à réaliser ce noble désir, et aujourd'hui elle est fille de saint Vincent de Paul, aux environs de Paris. Toujours elle conserva un vivant souvenir des bontés de M. Petit, et la nouvelle de sa mort a renouvelé le chagrin qu'elle éprouva à la mort de son père.

Nous avons déjà fait allusion au sous-brigadier des gardiens de la prison du Dépôt, Pierre Braquond. Ceux de nos lecteurs qui ont lu *les*

Convulsions de Paris, de Maxime Du Camp, savent que cet homme « de sang-froid et d'énergie » sauva d'abord ses camarades du Dépôt, le 18 mars, au moment où les fédérés envahirent la prison. La colère était dans les cœurs, et la menace de mort dans toutes les bouches. Braquond s'avança vers Lullier qui commandait les envahisseurs : « Est-ce que vous allez nous laisser égorger par ces gens-là ? Vous êtes leur chef, dites-leur de respecter de vieux soldats. » Lullier, frappé de cette vaillante attitude, s'emploie à calmer ses hommes, et y réussit.

Plus tard, aux derniers moments de la Commune, il sauva tous les prisonniers du Dépôt de la fureur de Raoul Rigault et du péril de l'incendie, et les rendit à la liberté. Nous ne connaissons pas Pierre Braquond, et nous ignorons si l'étoile des braves brille sur sa poitrine, mais on conviendra qu'il est digne de cet honneur.

Voilà quel homme avait gagné le cœur de M. Petit. Braquond, à son tour, professait une véritable vénération pour l'ancien prisonnier du Dépôt. Il n'avait pas toujours des expressions très classiques pour dire ses excellents sentiments, mais le cœur les dictait et cela suffisait à M. Petit.

Et puis il se souvenait toujours que Braquond avait adouci les premières journées de la captivité. Dès l'abord, sans se compromettre, il laissa voir sa sympathie au prisonnier. Grâce à lui, les amis eurent des nouvelles jusqu'à la dernière semaine de mai. Ce fut lui, en effet, qui montra de quelle manière Louise, la dévouée servante de M. Petit, devait s'y prendre pour faire arriver, chaque jour, des vivres à son maître. Braquond, sans aucun doute, avait recommandé M. Petit à quelques camarades de Mazas et de la Roquette. Mme Braquond était la complice déterminée et audacieuse, et plus d'une fois l'inspiratrice des bontés de son mari, condamné à sauver les apparences, à paraître quelquefois brutal pour n'être point dénoncé.

Dès que Braquond fut mis à la retraite,

M. Petit chercha à l'obliger en le nommant régisseur-surveillant d'une propriété diocésaine. Braquond fut sensible à cette offre spontanée. Plus tard, quand il fut fixé à la campagne, à quelque vingt lieues de Paris, les relations furent plus rares sans cesser d'être très cordiales, M. Petit cultivait cette amitié d'autant plus fidèlement que son ami, soldat brave et discipliné, fidèle au devoir et à la consigne militaire, n'était pas aussi parfait chrétien qu'il fut excellent gardien de prison. Or, M. Petit était, nous l'avons dit, de l'école du P. Milleriot (1), qui répétait cette parole de Mgr de Quélen : « Il y a des hommes qui n'ont besoin que d'un coup de pouce pour être amenés à la pratique de la religion. » M. Petit ne laissait jamais échapper et au besoin faisait naître l'occasion de donner ce « coup de pouce ».

Les hommes qui étaient en relation avec lui, d'une manière un peu continue, finissaient par subir son influence et mettre leur âme,

1) *Le R. P. Milleriot*, par le P. Ch. Clair (p. 147).

dans l'ordre surnaturel, au diapason de la sienne.

Le billet suivant, du 11 janvier 1886, dit que le « coup de pouce » a déjà été donné.

« Comme j'arrive tard, mon vieux! mais c'est que moi je ne suis pas encore à la retraite. Enfin, c'est un sort que je voudrais partager avec vous. Il me serait agréable de travailler au jardin, au printemps, — car, à l'heure présente, — il n'y ferait point chaud; et de cueillir mes fruits en automne.

« Votre jardin vous a-t-il donné des fruits cette année? vous auriez dû me le dire dans votre lettre. Une mention spéciale sur votre santé m'aurait fait plaisir, enfin je suppose que tous les deux vous allez bien.

« Irai-je vous voir cette année? Oui, si mon Braquond a fait ses pâques l'année dernière, ou du moins s'il est bien résolu à les faire cette année.

« Vieux coquin, quand donc me donneras-tu cette satisfaction? Je veux t'aimer dans le paradis, entends-tu, avec le cœur qui te sera toujours tendrement dévoué sur cette terre.

« E. PETIT. »

Un an après (11 janvier 1887), les choses paraissent dans le même état, mais l'amitié n'a pas diminué.

« Mon cher Braquond, je me demandais ce que vous étiez devenu. Je n'entendais plus parler de vous et j'avais peur que vous fussiez parti pour l'autre monde sans avoir, en celui-ci, réglé vos affaires spirituelles. N'est-il pas convenu entre nous qu'aussitôt la chose faite, vous m'en écrirez un mot pour que, sans retard, j'aille en famille et chez vous fêter le retour du prodigue! Votre lettre, d'ailleurs si bonne, garde à ce sujet un silence absolu. Mes souvenirs à votre excellente femme, et croyez-moi tout à vous avec affection.

« E. PETIT. »

Nous sommes au mois de janvier 1888 (et

toujours le 11); seulement cette fois la lettre est datée de Rome.

« Mon Braquond,

« C'est à Rome que votre lettre est venue me trouver. Que n'avez-vous voyagé avec elle? Avec elle, à coup sûr, je vous aurais introduit dans la voie qui mène à confesse.

« Oui, mon Braquond, j'irai te voir dès que tu m'auras fait savoir que l'affaire est faite, quand bien même ce serait en hiver et dès mon retour, et même avant Pâques. Est-ce compris! Je vous réserve une belle croix bénite et indulgenciée par le Pape.

« A mon retour, je porterai votre souvenir à ma bonne et fidèle Louise, qui vieillit chaque année! Hélas! nous en sommes tous là. C'est pourquoi, mon ami, il faut bien vite régler nos affaires avec le bon Dieu, afin que là-haut, quand on battra le rappel, nous puissions, avec confiance, répondre : me voici.

« Dites bonjour à votre bonne femme et

qu'elle sache que j'aime bien son vieux Braquond.

« E. PETIT. »

Nous touchons au dénouement. Les Braquond auront le bonheur, si désiré, de voir leur ami dans leur maison. Le « coup de pouce » répété a produit son effet.

« Paris, le 20 août 1888.

« Cher Braquond,

« Il faut que je tienne bien à vous faire plaisir, car, étant à la veille de partir pour JÉRUSALEM, j'ai peu de temps à moi. Toutefois, s'il devait m'arriver un accident en route, je ne voudrais pas paraître devant le bon Dieu sans vous avoir tenu parole.

« Donc, demain soir, mardi, j'irai coucher à Meaux. Le lendemain matin, mercredi, j'en partirai en voiture particulière avec Mlle Valentine Petit, amie de Mme Bourdon, et Mme Renoult, et, avec elles, je vous arriverai pour déjeuner. Nous passerons ensemble quelques heures, et vite je reviendrai à Paris par Meaux. A mon retour de JÉRUSALEM, je ferai plus longue station chez vous.

« Je vous embrasse doublement. Dites à votre femme qu'elle tue un bon lapin que nous ferons sauter joyeusement pour fêter le retour du cher prodigue.

« Bien à vous avec vieille et tendre affection.

« E. PETIT. »

Au moment de quitter la France, le 31 août 1888, M. Petit disait à un ami combien il avait été heureux de revoir son Braquond, et combien celui-ci, à son tour, avait été joyeux de recevoir comme hôte celui qu'il avait gardé comme prisonnier!!! Nos lecteurs nous pardonneront de n'avoir pas trop abrégé cette page caractéristique de la vie de M. Petit (1).

(1) Le P. Milleriot donnait quelquefois son « coup de pouce » d'une manière plus sommaire; nous voulons rappeler à nos lecteurs, d'après le P. Clair, une charmante méprise à laquelle son zèle donna lieu :

« Un jour, — c'était encore pendant la Commune, — le P. Milleriot faisait à l'ordinaire la visite de ses malades.

Il marchait, les mains dans ses larges manches, murmurant quelques prières, quand il croise un monsieur de haute taille, de tournure distinguée, très correctement vêtu, qui le salue en passant. Le Père, un peu étonné, s'arrête, ôte son chapeau, va droit au monsieur, et, lui prenant la main de peur qu'il n'échappe, lui dit à brûle-pourpoint, en homme qui ne veut pas perdre une bonne occasion :

« Pardon, *mon digne Monsieur*, avons-nous fait nos Pâques, cette année? — Oui, mon Père. — A la bonne heure, voilà qui va bien; continuons! » Et là-dessus, le P. Milleriot, bien rassuré sur le sort de ce bon chrétien, poursuivit sa route.

Or, *le monsieur* était tout simplement M. l'abbé d'Hulst, depuis vicaire général de Paris et recteur de l'Institut catholique, qui, pour remplir les devoirs de son ministère, avait dû revêtir l'habit laïque. L'histoire fut contée au supérieur de la rue de Sèvres, qui avertit en riant le P. Milleriot de sa méprise.

« Tant pis pour moi, répliqua-t-il, si j'ai fait une sottise; je vous avoue bien que je n'en ai pas du tout la contrition. »

IX

Avec la nomination de Mgr Guibert à l'Archevêché de Paris (juillet 1871), commence une nouvelle phase de la vie de M. Petit, la plus remplie peut-être. Dès qu'il fut nommé, Mgr l'Archevêque manda auprès de lui le secrétaire général de l'Archevêché pour se renseigner et lui donner des ordres. M. Petit offrit son dévouement absolu avec l'hommage de son respect. Dès ce moment la confiance du vénéré prélat lui est accordée : il a jeté sur lui son long regard pénétrant et a deviné que ce prêtre aura pour lui l'affection, le dévouement, le respect et les attentions délicates d'un enfant pour son père. « J'emporte peu de mobilier à Paris, mon cher abbé, et c'est à vous de m'organiser ma maison avec simplicité et économie. »

M. Petit se conforma à ce programme, qui était d'ailleurs dans ses goûts. C'est à ce moment que furent acquis, par l'intermédiaire de M. Tayon, docteur vétérinaire de l'avenue d'Orléans, aussi compétent que désintéressé, le cheval *Coco*, devenu légendaire, et une vieille voiture démodée, et le tout fut confié à un brave homme de cocher qui, pour n'avoir pas été formé au style des cochers de grande maison, n'en conduisait pas moins avec prudence le très modeste équipage du premier Archevêque de France...

M. Petit n'eut pas seulement la mission d'organiser la maison de Mgr Guibert au point de vue matériel. Nous lui avons entendu raconter qu'il fut consulté sur le choix d'un secrétaire particulier. Un ancien familier du prélat lui avait signalé un prêtre comme remplissant les conditions voulues pour cette place de confiance. M. Petit ne pouvait qu'applaudir à ce choix. Il fut donc chargé de demander au professeur de philosophie du Petit-Séminaire de Notre-Dame des Champs, s'il ne consentirait point à remplir auprès du nouvel Archevêque les fonctions que M. de Cuttoli avaient remplies auprès du cardinal Morlot et de Mgr Darboy. Cette négociation aboutit, et dès lors Mgr Guibert eut auprès de sa personne un excellent prêtre de plus doublé d'un fin lettré. Le Cardinal disait quelquefois à M. Petit : « C'est à vous que je dois mon secrétaire, c'est vous qui me l'avez donné. »

Nous n'avons pas à raconter la condescendance, la paternelle familiarité de Mgr Guibert pour son chancelier toujours accueilli avec un sourire, ce bréviaire récité chaque soir en commun, les longues conversations, les promenades et les séjours à Saint-Prix, cette confiance absolue du vieillard qui fit de M. Petit le dépositaire et l'exécuteur des volontés dernières du Cardinal du Sacré-Cœur (1), tout cela a été dit dans *le Correspon-*

(1) J'ai dicté moi-même ces notes à M. Petit et je dé-

dant, en des pages charmantes dont nous ne pouvons nous empêcher de citer quelques traits. « Voici M. Petit, chancelier, dont le « Cardinal salue toujours la venue avec une « interjection de plaisir. C'est son homme de « confiance. Les intérêts financiers très consi-« dérables, dans un diocèse comme Paris, lui « sont confiés. M. Petit les administre avec « une compétence qui n'est égalée que par « son intégrité, laquelle confine à la plus « scrupuleuse délicatesse. Monseigneur le sait, « aussi ne lui marchande-t-il pas plus ses « signatures que ses encouragements (1). »

Le Cardinal est heureux de savoir que ses finances ne sont pas confiées à un homme « trop moderne ». Il n'a pas à lui faire, à lui, un cours d'économie telle que l'entendaient nos pères et que lui-même l'a appliquée dans

clare que je m'en rapporte entièrement pour l'exécution de mes intentions à ses sentiments de sagesse et de délicatesse qui me sont bien connus... Et je le remercie d'avance de tout son dévouement filial. (Extrait du testament du cardinal Guibert.)

(1) *Correspondant*, 25 novembre 1887.

toutes ses entreprises en Corse, à Viviers, à « Tours, basant les dépenses sur les recettes « et réprouvant ces systèmes nouveaux qui « préconisent les emprunts à outrance et qui « semblent dire : plus on a de dettes plus on « est riche ». Sur ce chapitre le Cardinal et son chancelier s'entendaient à merveille, ce qui ne veut pas dire que M. Petit n'ait profité dans une prudente mesure, pour conserver et améliorer les finances diocésaines, des secrets de l'économie moderne.

Appréciant de plus en plus son secrétaire général, Mgr Guibert voulut reconnaître les services rendus au diocèse en nommant M. Petit vicaire général honoraire, 11 août 1874, et quelques mois après, 24 mars 1875, chanoine titulaire. Déjà il avait voulu qu'il portât le titre de chancelier.

Cette année-là même, M. Petit eut, un des premiers, la confidence du projet qui devait amener Mgr de Belley à Paris. Ce fut lui qui fut chargé de faire les premières ouvertures, et nous l'avons entendu raconter, dans ces dernières années, son voyage et sa mission secrète. Mgr Richard fut très effrayé de cette proposition, confus et touché en même temps de la confiance du Cardinal. Il déclara à l'envoyé qu'il ne quitterait que par la volonté formelle du Saint-Père un diocèse qu'il aimait, où il croyait être aimé et où il pouvait encore faire quelque bien. Ici nous cédons la parole à la *Semaine* de Belley, que nous trouvons citée dans *la France Illustrée* du 10 juin 1875.

« Notre Évêque a dû se soumettre, mais la « soumission n'a pas été sans déchirement. Il « a résisté jusqu'à la fin aux sollicitations les « plus amicales et les plus pressantes de « Mgr Guibert.

« La correspondance des deux prélats, par « les considérations vraiment épiscopales « qu'elle exprime, rappelle les évêques de la « primitive Église. L'un demande avec insis- « tance au nom des intérêts religieux de la « France ; l'autre refuse au nom des intérêts « religieux de ses diocésains et de l'attache- « ment qu'il a pour eux. »

« La lutte a duré trois mois, et, pour y met-
« tre fin, il a fallu la volonté clairement et
« nettement exprimée du chef de l'Église. »

Ajoutons, continue *la France Illustrée*, que c'est moins l'Archevêché de Paris que la perspective d'une vie de sacrifice, peut être du martyre, qui a pu forcer le consentement de l'Évêque de Belley. On assure, en effet, que le successeur de Mgr Affre et de Mgr Darboy lui aurait dit : « On peut refuser un évêché et non le martyre. »

Le Cardinal, quand tout fut réglé, écrivit à M. Petit alors éloigné de Paris. « Après avoir remercié Dieu, disait-il, il est bien permis de dire merci aux hommes », et il remerciait M. Petit d'avoir contribué à lui donner un coadjuteur selon son cœur. Nous avons lu cette lettre du vénéré Cardinal. Elle fut communiquée à Mgr l'évêque d'Autun, qui la rendit en faisant hommage d'un exemplaire de l'oraison funèbre sur lequel Sa Grandeur avait transcrit quelques lignes de cette lettre. Brochure et lettre n'ont pas été retrouvées dans les papiers. Est-ce que M. Petit les aurait détruites par humilité comme, tant d'autres? Nous voulons espérer que non et que tout cela a été remis au futur historien du Cardinal, avec les nombreux documents qui lui ont été fournis par M. Petit.

En 1882, le Cardinal voulut que son secrétaire général devînt archidiacre. Il insista et ce fut une véritable lutte entre le grand vieillard et le respectueux, mais inflexible chancelier. Son Eminence ne cacha point son regret en pleine retraite devant le clergé réuni, et ce regret est un grand éloge. Mais M. Petit pouvait mieux servir son Archevêque et le diocèse en restant chancelier et grand vicaire honoraire. Par amitié et par humilité, il exprima le désir que le nouveau titre qu'on voulait lui donner fût déféré à celui qui était depuis vingt ans son aide intelligent et laborieux. Nous avons nommé M. Pelgé.

Loin d'aspirer à une dignité plus haute et à des fonctions plus brillantes, M. Petit aimait, par goût, l'obscurité et la solitude. La vie calme, tranquille et sans éclat de quelque monastère ou presbytère de campagne était son idéal. La *Semaine* de Soissons rappelle un trait qui témoigne de ses dispositions et du désir d'échapper à toutes les dignités. « Une « mère de famille, pensant à la place de con-« fiance et d'honneur que M. Petit occupait, « l'enviait tout haut pour son fils, jeune prêtre « nouvellement installé à la campagne et qu'il « visitait. Et comme elle disait : « Je n'ai pas « tant fait pour le voir curé de village », M. Pe-« tit répondait : « Je n'ai pas levé le doigt, « madame, pour avoir cette place et je sou-« lèverais bien une montagne pour avoir celle « de votre fils. »

C'est assez dire qu'il fut toujours étranger à des ambitions plus hautes encore. Un directeur du ministère des cultes, très compétent et très influent, auquel l'Église de France doit d'excellents évêques, connaissant la piété de M. Petit et appréciant sa parfaite entente des affaires administratives, songea à lui pour un des évêchés du Nord ; mais à la manière dont

M. Petit reçut ses premières ouvertures, il comprit bien qu'il trouverait toujours là une invincible répugnance pour de tels honneurs.

Le vénéré Cardinal eut connaissance de cette attitude de son chancelier et y fit allusion, en le présentant au Saint-Père, lors de son dernier voyage à Rome : « Mon fils », lui dit Léon XIII, en jetant un profond regard sur lui, « il faut faire passer l'intérêt de l'Église avant tout. » L'avenir ne le préoccupait point et il s'en rapportait toujours à la « bonne Providence », comme il disait. On lui reprochait, à un autre point de vue, cette absence de préoccupation pour l'avenir et son excessive générosité. « J'aurai toujours une place à l'infirmerie de Marie-Thérèse, » répondait-il. L'extrait que nous avons cité de son testament prouve que le désintéressement n'était point chez lui une vaine parole. Sans la très gracieuse et très-large intervention de Mgr l'Archevêque de Paris, ce qu'il a laissé n'eût pas suffi, loin de là, à payer les frais de ses funérailles!

Marie-Thérèse et les Petites-Sœurs des

pauvres, voilà, avec les couvents de l'Intérieur de Marie de Montrouge et de Notre-Dame du Bienheureux Pierre Fourier, voilà les grandes préoccupations de M. Petit en dehors des soucis constants et du travail déjà excessif de l'administration.

Et là ne se borne point son zèle! Le patronage de Saint-Jean de la paroisse du Gros-Caillou compte M. Petit parmi ses insignes bienfaiteurs. Ce fut son premier ministère continu, son premier contact, ses premiers rapports avec les âmes à diriger, à sauver.

Dès son arrivée à l'Archevêché et pendant douze ou treize ans, il alla, chaque dimanche, au Cercle pour confesser, faire l'instruction, présider aux vêpres et donner le salut. Plus tard, et jusqu'à la fin, il dut se borner à remplir ce ministère aux grandes fêtes, à Noël et à Pâques surtout. Il aimait les jeunes gens et il en était aimé. Ils sont nombreux ceux qu'il a maintenus ou relevés dans la voie du bien! Il les suivait dans la vie, et il en est qui lui doivent des situations honorables. « Sa foi, sa piété, son cœur, ont fait un bien incalculable à l'œuvre de Saint-Jean », écrivait le comte de Lambel, qui l'eut pour ami et pour collaborateur dans cette œuvre de la jeunesse. Le comte, absent de Paris lorsque la triste nouvelle arriva, voulut que le cercle fît célébrer, le dimanche 28 octobre, un service pour le repos de l'âme de son ancien et toujours regretté aumônier (1). Son désir fut compris, et

(1) Nous avons connu trop tard pour l'insérer dans notre texte la lettre d'invitation de ce service, adressée par l'aumônier et le directeur, au nom de M. le Curé et du comte de Lambel, à tous les membres du Cercle. Il serait fâcheux qu'un document aussi honorable manquât à cette notice.

PATRONAGE SAINT-JEAN

9, PASSAGE LANDRIEU, 9, PARIS

« Paris, le 21 octobre 1888.

« Cher ami,

« C'est un devoir pour le patronage de Saint-Jean de témoigner sa reconnaissance envers l'un de ses bienfaiteurs, M. l'abbé Petit, vicaire général, que Dieu vient d'enlever à notre affection.

« Nous ne pouvons oublier que dès les premiers jours de son sacerdoce, il s'est appliqué à la direction spirituelle de notre œuvre dont il n'a cessé d'être le guide et le protecteur.

« Aussi M. le Curé de la paroisse, M. le comte de

la chapelle du patronage se trouva trop petite pour recevoir tous les assistants. M. l'abbé Fauvage, curé de Saint-Pierre du Gros-Caillou, averti, désira s'associer à cet acte de reconnaissance et de piété. Il officia lui-même, rappela, dans une allocution émue,

Lambel et les directeurs du patronage vous prient d'assister dimanche prochain, 28 courant, à la messe qui sera dite à huit heures et demie précises, dans la chapelle de l'Œuvre pour le repos de son âme. (Cette messe sera dite par M. le Curé.)

« Vos bien dévoués en Notre-Seigneur,

« A. Magnien, « F. Le Chevalier,
« *aumônier.* « *directeur.* »

« Nous serions heureux de voir vos parents vous accompagner à cette cérémonie. »

M. Fauvage, curé de Saint-Pierre du Gros-Caillou, a ajouté, sur l'exemplaire que nous avons sous les yeux, à l'adresse de M. l'abbé Pinet, vicaire de Saint-Merry, l'exécuteur testamentaire de M. Petit :

« Monsieur et cher Confrère,

« Je vous envoie cette lettre d'invitation pour que vous sachiez bien qu'au Gros-Caillou on n'oublie pas. — Si vous voulez, si vous pouvez venir, sachez que mon presbytère, ma table vous sont ouverts, comme le cœur. — Après la messe, je pense dire quelques paroles d'édification aux enfants et de souvenir pour le regretté défunt.

« Fauvage. »

les services rendus par M. Petit au Cercle, et donna d'intéressants détails sur les premières années de M. Petit à Paris. Le texte de cette oraison familière convenait admirablement à M. Petit : *Hilarem datorem diligit Deus*, « Dieu aime celui qui donne avec joie. » L'orateur ne pouvait mieux choisir.

X

C'est en 1863 que M. Petit connut la communauté des *Dames Augustines de l'Intérieur de Marie*, de Montrouge, vouées à l'enseignement des jeunes filles. Cette maison eut, pendant d'assez longues années, pour chapelains des professeurs du Petit-Séminaire Notre-Dame des Champs. Parmi eux nous citerons les cardinaux Lavigerie et Foulon. Le successeur de ce dernier, ami de M. Petit, l'invita à prêcher la retraite de rentrée. Il s'acquitta de cette mission avec le zèle et dévouement d'un apôtre, et il n'y avait que deux ans qu'il était prêtre. Maîtresses et élèves furent frappées de sa piété naïve et profonde, aimable et austère, tout à la fois; lui, de son côté, s'attacha à une maison où régnaient la piété, la simplicité et le bon esprit.

Cette première prédication fut une date pour M. Petit. Il l'avait préparée avec soin et piété. Il eut toujours, du reste, un grand respect pour la parole de Dieu, et jamais il ne l'annonça qu'après une sérieuse préparation. « Jamais il ne se crut le droit d'improvisation. » Ses amis qui connaissaient sa science théologique et sa facilité naturelle, lui conseillèrent, en vain, de se moins défier de lui-même et de s'épargner, dans une large mesure, le pénible travail de la composition et les énervantes préoccupations de la parole publique. Il ne voulait point entendre raison en cette matière. Il fit cependant plus d'une fois, et c'était nécessaire dans ses multiples fonctions, des allocutions d'à-propos qui n'étaient pas moins heureuses que les autres ; mais ces essais, aussi réussis qu'imprévus, ne lui firent jamais changer sa méthode. Aussi sa parole était-elle toujours maîtresse d'elle-même et ne se laissait jamais aller au-delà de la pensée et de la mesure.

L'orateur était quelquefois moins maître de sa voix et de son action, parce qu'il se laissait dominer par l'émotion. Trop prompte et trop continue, cette émotion, qui eût été un grave inconvénient dans un discours de longue haleine, devenait une qualité dans certaines allocutions et dans les exhortations de la première communion. Ce fut là un des triomphes oratoires de M. Petit, à Montrouge, à l'Abbaye-au-Bois, au Roule; et, en général, partout où il présidait à cette cérémonie déjà si émouvante par elle-même; toute la vivacité de sa foi, toutes les ardeurs de sa charité paraissaient dans son regard, dans sa voix, dans sa personne tout entière. Jamais les enfants ne perdirent le souvenir de ces vibrantes paroles, et plus d'un père de famille s'en souvint pour revenir au Dieu de sa première communion.

La communauté perdait, quatre ans après, son supérieur ecclésiastique, M. Véron, nommé curé de Saint-Vincent de Paul. Dès que la nouvelle en fut connue, la vénérée Mère supérieure et bon nombre de religieuses firent des vœux pour que le nouveau père spirituel fût M. Petit, et des sacrifices héroïques furent offerts à Dieu pour qu'il accordât cette grâce à la communauté. Ces ardentes prières furent exaucées. M. Petit fut en effet nommé le 17 mars et, six jours après, fête de l'Annonciation (25 mars 1867), il faisait sa première visite sous son nouveau titre. Il n'y avait pas six ans qu'il était prêtre, et à juger par les apparences, on aurait pu trouver extraordinaire qu'on donnât pour supérieur à une communauté un prêtre de cet âge. Mais, nous le répétons, il se trouva que celui-ci avait la sagesse et la prudence des vieillards, avec le dévouement, le zèle et les ardentes générosités de la jeunesse.

« Nous avons apprécié, vous le savez, écrivait une religieuse de l'Intérieur de Marie, le dévouement si doux, si délicat de notre nouveau Père. Je ne saurais vous dépeindre ses bontés, ses délicatesses toutes filiales pour notre Mère Fondatrice; on eût dit qu'il cherchait à lui faire oublier toutes les souffrances passées. Quels ménagements, quel tact, quelle sagesse en bien des circonstances, où une autorité moins prudente et moins éclairée aurait pu compromettre la paix et l'union dans la petite famille. Que de démarches pour nous pourvoir d'un aumônier qui pût, en tous points, rassurer sa sollicitude. »

Mais c'est surtout pendant le siège de Paris qu'on put apprécier sa charité et son infatigable dévouement. Le couvent, qui devait se trouver à portée du feu de l'ennemi, fut évacué, ou mieux, laissé à la garde d'un jardinier et de quelques sœurs converses. Il s'occupa lui-même de l'installation à Paris des religieuses, les groupant le plus possible et plaçant dans d'autres communautés celles qu'il fut obligé de disperser, faute d'espace et de ressources. La Mère Fondatrice et supérieure, âme d'élite, femme d'un grand cœur et d'un grand sens, n'oublia jamais de tels bienfaits. C'est assez dire quelle fut sa désolation pendant la captivité du bienfaiteur, et Dieu seul a su quelles prières s'élevèrent vers lui pour demander que la liberté lui fût rendue. Dans les lettres qu'il écrivit alors, le couvent de Montrouge n'est pas oublié, et nous savons que dans celle du 27 mai, au matin du jour où il croyait être fusillé, il fait mention de ses Sœurs de Montrouge.

Depuis cette époque, d'autres communautés plus considérables furent confiées à M. Petit; mais le modeste troupeau de Montrouge ne fut pas négligé pour cela. Ses visites, au contraire, furent plus fréquentes et, en quelque sorte, plus cordiales. Il souhaita que cette communauté dont il aimait l'esprit se développât au dehors. Il fit plus d'un voyage dans ce but. Il ne reculait devant aucun sacrifice et il était prêt à en faire un considérable pour assurer l'existence, et peut-être la prospérité d'une dernière colonie, fondée par son inspiration; mais les circonstances n'ont pas permis à sa générosité de prendre son essor (1).

(1) Un trait de cette générosité. Le couvent de l'Intérieur de Marie occupe une partie du parc de l'ancien château de Montrouge qui appartint, comme on sait, à

C'est assez dire qu'il ressentit un vif chagrin de n'avoir pu, au moment de son départ pour l'Orient, faire ses adieux à une communauté pour laquelle il avait donné le meilleur de son âme pendant plus de vingt ans! Nous sommes assurés qu'à Jérusalem il eut pour elle un dernier souvenir et une dernière bénédiction, lorsqu'il dit : « J'offre ma vie pour la sainte « Église, pour la France, pour le diocèse de « Paris, pour les familles religieuses dont j'ai « été le supérieur. »

Le 20 octobre 1873, après la mort de

Mlle de la Vallière. De la splendeur passée, les jardins n'ont conservé qu'une belle terrasse où les pensionnaires aiment à jouer et qui sert de parloir aux parents pendant l'été. Jusqu'à ces dernières années, on n'osait pas trop y laisser la communauté tout entière parce qu'un des côtés manquant de parapet, les enfants auraient pu tomber d'une hauteur d'au moins 3 mètres. M. Petit fit cesser cet état de chose, à la grande joie des enfants, en faisant établir à ses frais une balustrade de près de 50 mètres de longueur. Ce fut la dernière grande *image* qu'il donna à sa chère maison de Montrouge. Sa libéralité, les deux dernières années, a eu surtout pour objet le petit couvent de l'Intérieur de Marie de Cap-Breton, au diocèse d'Aire, fondé par lui en 1886. Faire du bien aux colonies c'est encore faire du bien à la métropole.

M. Bayle, son compagnon de captivité, il fut également chargé des trois maisons de Notre-Dame, de la Congrégation du Bienheureux P. Fourier, si connue sous le nom de l'Abbaye-aux-Bois, des Oiseaux et du Roule. Le dévouement qu'il avait pour le couvent de l'Intérieur de Marie, il l'avait pour ses chères religieuses du Bienheureux P. Fourier et leurs enfants. Difficilement, on aurait pu deviner laquelle des trois maisons avait sa préférence. Son cœur se partageait entre elles, ou mieux, *chacune avait sa part et toutes l'avaient en entier.*

Il s'intéressait à tout ce qui les touchait; mais c'est surtout dans les épreuves que se manifestaient sa délicatesse et son dévouement. *Il faisait siennes toutes les tristesses de ses communautés.* Une de ses préoccupations était de donner aux religieuses dont il était chargé d'excellents aumôniers, choisis parmi les meilleurs prêtres, et une de ses dernières joies fut d'avoir pu présenter à la signature de Mgr l'Archevêque la nomination du nouvel aumônier du couvent des Oiseaux, un disciple et un fils spirituel de M. Grandvaux. Sa sollicitude s'étendait aux couvents de la même Congrégation en province (on n'y contredira pas à Étampes et à Lunéville), et il ne fut pas étranger à la fondation de la maison de Notre-Dame de Jupille, au diocèse de Liège.

Disons cependant que le couvent du Roule l'absorba davantage, à cause de la Congrégation externe des Enfants de Marie. C'est une œuvre capitale pour le bien. M. Petit devait donc lui donner toute son âme. Il la vit progresser d'année en année. « Le soin « pieux et intelligent avec lequel il choi- « sissait les conférenciers des réunions men- « suelles et les prédicateurs de la retraite « annuelle a été, sans contredit, un des grands « secrets de cette prospérité dont il jouissait, « comme il avait joui de ce qui contribuait à « la gloire de Dieu et à la sanctification des « âmes. Et lui-même, par ses paroles toutes « pleines de tendresses spirituelles et toutes « débordantes, soulevait les âmes et leur im-

« primait un élan en haut et en avant. »

Ces lignes, écrites par une religieuse de Notre-Dame, disent quelle fut la parole de M. Petit à l'Abbaye-aux-Bois, aux Oiseaux et au Roule. Son efficacité sera durable, et les trois maisons, unies par une même règle, un même esprit, le regret d'un même Père, continueront à marcher vers la perfection, avec l'élan qu'elles ont reçu de celui qui fut leur supérieur pendant quinze ans (1). Au reste, ces trois communautés seront soutenues dans cette voie par la main douce et ferme et la direction pieuse et intelligente du très distingué successeur que Mgr Richard a donné,

(1) Maîtresses et élèves cherchaient à être agréables à un si excellent supérieur et il n'est pas d'aimables procédés qu'on n'eut à son égard. En décembre 1886, on lui fit au Roule la surprise d'organiser une petite fête pour ses noces d'argent qu'il voulait laisser passer sans solennité. « On lui rappela, sous la forme et dans le ton du martyrologe, tous les événements importants de sa vie, souvenirs qui lui arrachèrent des larmes d'attendrissement. En même temps, des présents offerts à l'intention de ses pauvres lui permettaient de faire des heureux, ce qu'il aimait tant. » Même fête à l'Abbaye-aux-Bois. Nous avons trouvé dans un de ses bréviaires

dans cette œuvre, à M. Petit, au grand applaudissement des amis les plus éminents de la Congrégation de Notre-Dame.

Nous n'avons pu ni voulu entrer dans plus de détails sur les relations de M. Petit avec les autres communautés religieuses de Paris. Il eut affaire à toutes par ses fonctions, surtout à celles qui ont leur maison mère à Paris. Mais nous devons nous borner. Que de choses, cependant, à dire sur ses gracieux procédés à l'égard de la petite communauté de Filles de saint Vincent de Paul, qui dessert Marie-Thérèse! Plusieurs de ses lettres de la captivité mentionnent la sœur Saint-Vincent et

le texte de la cantate que les enfants chantèrent à cette occasion :

En ce beau jour entourons notre Père,
Unissons-nous pour bénir le Seigneur,
Chantons, chantons un doux anniversaire
Qui réjouit et charme notre cœur.

. . . .

Ah! recevez les vœux de l'Abbaye
Et puissiez-vous longtemps, longtemps encor
Nous protéger au chemin de la vie;
Puissions-nous célébrer ici vos noces d'or!

autres bonnes religieuses qui soignent les prêtres vieux et infirmes.

M. Petit avait un soin tout providentiel des Sœurs du Saint-Nom de Jésus de la rue de Vanves, dont l'orphelinat, très pauvre, l'intéressait vivement. Ces vaillantes Sœurs, ayant perdu leur supérieur, eurent le désir de voir M. Petit le remplacer. Elles sollicitèrent avec instances la permission de le demander au Cardinal. « Non, non, mes Sœurs, ne demandez pas cela au Cardinal. Je ne pourrais refuser d'être chargé d'une communauté aussi pauvre que la vôtre, c'est bien évident. Mais je suis trop accablé. Accordez-moi cette grâce. Je ne puis être votre supérieur spirituel, mais je serai *votre supérieur temporel.* » Il tint parole, et le nom du « regretté M. Petit » est encore une protection et une bénédiction pour les œuvres de cette communauté.

L'*Ordo* de Paris mentionne encore M. Petit comme supérieur des religieuses du Saint-Sacrement. Il fut là ce qu'il était à l'Intérieur de Marie et dans la Congrégation de Notre-

Dame. Ajoutons que c'est sous ses auspices qu'ont été établies au Petit-Séminaire Notre-Dame des Champs, pour le service de l'infirmerie et de la lingerie, les Sœurs de Sainte-Chrétienne de Metz. Il voulut être leur supérieur. Peu de mois ont suffi pour faire apprécier l'excellente influence, pour le bien des enfants, de ces bonnes religieuses de tenue distinguée et de parfait bon esprit.

XI

C'est en 1871, dès son arrivée à Paris, que Mgr Guibert délégua M. Petit à l'administration de l'Infirmerie de Marie-Thérèse, et ce fut vraiment la partie privilégiée de ses fonctions (1). Sa vénération pour les prê-

(1) Voici sur l'origine de l'Infirmerie de Marie-Thérèse quelques détails. Nous les prenons dans une curieuse notice lue par Silvain Caubert, à la Société des établissements charitables, le 14 mars 1837.

« C'est la duchesse d'Angoulême qui en est la fonda-
« trice. C'est à la fille de Louis XVI que l'Infirmerie doit
« son origine. On lui donna le nom de la prisonnière du
« Temple, Marie-Thérèse, moins par flatterie que comme
« un enseignement de tous les jours, afin qu'en le lisant
« au frontispice de l'asile ouvert à sa misère, chaque
« habitant de sa retraite, quels que fussent ses regrets
« et son désespoir, quelle que fut sa douleur, put se dire
« qu'il était encore des douleurs au-dessus de sa dou-
« leur. »

Mme de Chateaubriand eut la première idée de cet

tres vieux et infirmes était un besoin de son cœur; assurer leur bien-être, leur procurer jusqu'au superflu, était une constante préoccupation et, en cela, il ne faisait qu'exécuter les ordres du Cardinal.

établissement et c'est vraiment à elle qu'il doit son existence. Elle fut aidée dans l'exécution par « un conseil composé d'hommes plus éminents encore par leur charité que par leur naissance ». Chateaubriand faisait naturellement partie de ce conseil.

La fondation date du 8 octobre 1819; trois sœurs de la charité (elles sont douze aujourd'hui) y furent installés le 15 du même mois. Deux mois après, le 8 décembre, avait lieu la bénédiction de la chapelle.

L'Œuvre fut d'abord en location; mais « le 16 février 1820 deux corps de logis, cinq arpents de terrain y attenant furent achetés, payés et devinrent la propriété primitive de l'infirmerie de Marie-Thérèse. » Détail curieux à noter : M. de Chateaubriand commença son œuvre n'ayant en bourse que la *somme de 400 francs, laquelle lui venait du roi de Prusse*. La ville de Paris (que nous sommes loin de ces temps)! donnait en 1837 une subvention de 2,000 francs.

L'Archevêque de Paris fut, dès l'origine, nommé chef perpétuel de l'établissement. Et cependant la maison n'eut pas, dans le début, un caractère exclusivement ecclésiastique. Le règlement dit bien « que l'Infirmerie « de Marie-Thérèse est particulièrement consacrée à « recevoir *temporairement et à tout âge* les ecclésiastiques « malades, et à vie ceux qui sont vieux et infirmes ».

Mais plus loin il ajoute « qu'elle est encore destinée à « recevoir, dans un local séparé, les femmes malades ou

Nous ne pouvons dire toutes les améliorations faites à la maison; tout cela a été exposé par M. Petit lui-même en des pages émouvantes, dans un rapport qu'il rédigea, quelques mois avant sa mort, pour être lu devant

« infirmes, nées de familles distinguées par leur éducation ou leur fortune et que le malheur des révolutions « ont réduites à l'indigence ».

Nous ignorons à quelle époque et par suite de quelles transactions l'Infirmerie de Marie-Thérèse a été affectée uniquement aux prêtres vieux, infirmes ou malades. Telle qu'elle est aujourd'hui, elle est vraiment digne du grand diocèse de Paris.

Mais une maison de campagne lui était absolument nécessaire pour la saison d'été. C'est que nous sommes loin de la description faite en 1837 ! C'est toujours « une « charmante maison de plaisance, un vrai cottage ». — Aujourd'hui comme alors, « en entrant par la grille principale, on ne peut croire visiter un lieu de souffrance ». — Mais on ne peut plus dire « qu'elle est près des champs, « éloignée du bruit qui s'élève du centre, jouissant à la « fois des agréments de la campagne, des avantages et « des façons de la ville ».

M. Silvain Caubert, rappelait que la maison était voisine de celle de Chateaubriand et en communication avec elle par le jardin, et dans « ce beau jardin, dit-il, s'élève « un calvaire, et souvent le vieux prêtre, en rêvant au « pied de la croix, le *Génie du christianisme* à la main, « rencontre le noble voyageur aux Saints-Lieux, le fondateur de son asile, et peut lui payer à la fois le tribut « de son admiration et de sa reconnaissance. »

une Commission présidée par Mgr l'Archevêque. Là sont exprimées les pensées qui guidaient le Cardinal et son délégué dans l'administration de Marie-Thérèse. « Mgr Guibert voulait que les vieux prêtres, ceux qui se trouvaient pauvres à la fin de leur carrière, fussent heureux et bien soignés, dût-il, de ses propres ressources, pourvoir à l'excédent de la dépense nécessaire pour cela. »

M. Petit avait compris, et il réalisa les intentions larges et paternelles du grand Cardinal; nous aimons à penser qu'il ne s'est pas rencontré un seul prêtre de ceux qui ont reçu l'hospitalité de Marie-Thérèse qui n'ait rendu justice à ses efforts et reconnu ses bienfaits. Cette conviction est entrée dans notre esprit en voyant pleurer tous ces vétérans du sanctuaire au Service que le supérieur de la maison, le vénérable M. de Chauliac, fit célébrer dans la chapelle de l'établissement, à la nouvelle certaine de sa mort. M. de Chauliac fut l'ami et le collègue de M. Ducastel à Notre-Dame; c'est dire quelle était sa tendresse paternelle pour M. Petit, auquel il devait l'honneur et le repos de ses derniers jours. C'était fête pour le chancelier et le supérieur de Marie-Thérèse de se trouver réunis et de parler des amis de la rue Chanoinesse et de la rue de Constantine, des belles cérémonies de Notre-Dame, des dernières conférences du P. Lacordaire, des prônes de M. Le Courtier et de la prédication si classique de M. de Place et, surtout, sujet intarissable, de M. Ducastel. Pour M. de Chauliac, la mort de M. Petit n'était pas seulement la perte d'un ami, d'un fils tendrement aimé, c'était encore la disparition totale d'un passé dont le souvenir charmait sa vie. On comprend, après cela, que l'émotion et les larmes aient failli l'empêcher d'achever le saint sacrifice qu'il avait voulu célébrer lui-même. Le vénéré M. Crozes, l'ancien aumônier de la Roquette, paraissait aussi ému, et on aurait dit qu'il avait le pressentiment qu'il ne tarderait pas à aller rejoindre celui qu'il pleurait. Il mourut, en effet, quatre ou cinq jours après le Service fait à Notre-

Dame, et auquel il voulut assister contre toute prudence.

Nous ne pouvons séparer Saint-Prix de Marie-Thérèse; ces deux noms ont été unis dans la pensée de M. Petit pendant dix-sept ans. Il suffisait qu'on prononçât le nom de Saint-Prix en sa présence pour que le sourire parût sur ses lèvres. « Saint-Prix est un village de Seine-et-Oise, pittoresquement adossé à la grande forêt de Montmorency. A mi-côte, en montant de Montlignon, on rencontre le château de la Terrasse, qui sert de maison de campagne aux prêtres âgés et infirmes. »

Ce château de la Terrasse (1), avec son beau parc planté de grands arbres, est un legs, fait l'année du concile 1870, nous l'avons dit, par deux vénérables vieillards, MM. Vallé et Beau-Desbordes, qui avaient dû à un prêtre, leur parent, leur éducation et, par conséquent, l'honneur et la dignité de la vie et,

(1) Cette maison a été habitée par Victor Hugo dans les premières années de sa carrière littéraire. Plusieurs de ses poésies sont datées de Saint-Prix.

sans doute aussi, la fortune. Le dernier survivant, Louis Vallé, regrettait, dans un codicille de son testament, de laisser sa propriété à Marie-Thérèse sans les ressources nécessaires à son entretien. Or ces ressources qu'il avait souhaitées, il les légua, mais sans le savoir, car il était déjà mourant lorsqu'il fit un héritage assez considérable qui revint naturellement à sa succession et, par conséquent, à Marie-Thérèse.

Ceci se passait en mars 1870, et nous en avons trouvé trace dans la correspondance de Mgr Darboy. Nous aurions voulu reproduire la lettre dans laquelle M. Petit annonçait cette nouvelle. Nous l'avons demandée à Mlle Darboy qui, à notre grand regret, l'avait détruite, ainsi que beaucoup d'autres qui nous eussent été bien précieuses.

Dès que le legs fut autorisé (décret du 14 décembre 1871), M. Petit se prit d'enthousiasme pour cette propriété et s'appliqua à l'améliorer. Il voulut que le vénéré Cardinal visitât ce « Marly » de ses vieux prêtres, et il sut si bien faire que Mgr Guibert partagea l'enthousiasme de son chancelier. Il y vint passer ses vacances, trois semaines en principe, mais, en réalité, sept ou huit jours chaque année, et c'est à lui qu'on doit la transformation de la propriété par la découverte des eaux vives.

Mais, si la perspicacité du prélat, quelque peu initié aux procédés hydrauliques du fameux abbé Paramelle, l'amena à croire que la propriété, jusqu'alors aride, renfermait des sources, il fallait à M. Petit l'habileté et la persévérance d'un *ingénieur des mines* pour amener cette eau au grand jour et l'aménager pour le service de la maison et l'agrément des yeux. L'histoire vivante et gracieuse de ces travaux et des villégiatures du Cardinal est racontée dans *le Correspondant*. Nous ne pouvons qu'y renvoyer nos lecteurs. Nous ne pouvons cependant résister à la tentation de reproduire l'histoire d'une *république modèle* découverte par le Cardinal à Saint-Prix.

Elle révèle la nature enjouée du noble vieillard, donne la note de la vie reposée de Saint-Prix et prouve une fois de plus « qu'on peut avancer longtemps dans la vie sans y vieillir »; enfin elle montre que M. Petit réussissait à réaliser cette maxime de Joubert, qui semble avoir été sa règle dans ses rapports, en dehors des affaires, avec le vénéré Cardinal : « Il faut réjouir les vieillards. »

« Pendant la villégiature où il découvrit les eaux, le Cardinal fit, comme nous l'avons dit, une autre découverte qui, sans lui rapporter autant d'honneur, n'excita pas moins vivement l'intérêt. Ayant pénétré dans la partie la plus épaisse du taillis, il se trouve en face d'une grosse fourmilière. »

« L'occasion est bonne pour satisfaire son penchant à se rendre expérimentalement compte de toutes choses. Il se met donc en observation : ordre, activité universelle, division du travail, assistance mutuelle, épargne, toutes les vertus sociales que l'histoire et la fable attribuent à la race des fourmis, il en constate la réalité sous ses yeux. Le spectacle de ce microcosme le ravit; quotidiennement, après le déjeuner, il revient s'en donner la jouissance; il en tire des apologues; il trouve que, de nos jours, encore bien des gens gagneraient à écouter l'invitation de la sagesse : *Vade ad formicam.*

« Cette fourmilière fut appelée par lui la *république d'Athènes.* Il la prit sous sa spéciale protection. Il fut attentif à recommander qu'on la préservât de tout dommage. Chaque fois que les circonstances le ramenaient à Saint-Prix, il ne manquait pas de visiter sa chère république. Hélas! le sort fut jaloux de la prospérité d'Athènes : un jour, le faisan, ce pirate des bois, passa par là. Quand on vint annoncer au Cardinal, c'était l'année de sa maladie, la disparition de la « meilleure des républiques », il fut attristé et laissa échapper cette réflexion mélancolique : « Il n'y a donc que les autres qui durent. »

M. Petit aimait à montrer la Terrasse à ses amis et volontiers il allait passer là les quelques instants de loisir que lui laissaient les affaires. Sa présence d'ailleurs y était souvent nécessaire pour la surveillance et le contrôle des travaux qui s'y exécutaient. Ses amis furent tous et successivement invités à l'accompagner. Ceux qui eurent cet honneur et ce plaisir en ont conservé un doux souvenir. Plus d'un curé, vicaire ou aumônier a trouvé à Saint-Prix, grâce à M. Petit, un lieu de repos et quelquefois de convalescence.

Un des bonheurs de M. Petit était de voir ces belles allées remplies d'enfants, et les supérieurs des deux Petits-Séminaires savent qu'on lui faisait grand plaisir en choisissant le château de la Terrasse comme but de promenade extraordinaire. Lui-même aimait à se trouver là en ces circonstances et, si on venait au moment de la villégiature du Cardinal, la fête n'en était que plus complète.

C'est en juillet 1888, que M. Petit a fait son dernier séjour à Saint-Prix, où il accompagnait Mgr Richard. Quelques jours auparavant, il avait présidé à la cérémonie de la première communion. Enfin il alla faire ses adieux à Saint-Prix et à ses hôtes en villégiature avant de partir pour l'Orient, et une des lettres qu'il écrivit avant de s'embarquer pour Marseille était adressée à M. Dujardin, l'entrepreneur des travaux de la maison (1). « Voilà pour *Dujardinus*, disait-il à l'ami qui était avec lui; ça lui fera plaisir. » Nous avons su depuis que cette lettre renfermait des recommandations pour une maison de religieuses créée en grande partie par les soins de M. Petit. La pensée de Saint-Prix suivit notre voyageur en Orient. « Ah! n'oubliez pas mon cher Saint-Prix, écrivait-il d'Égypte à M. Poudroux; vous voyez comme je suis peu détaché des choses qui me sont chères (2). »

Nous ne voulons pas terminer ce chapitre

(1) Le vénéré curé de Saint-Prix, (il y a plus de cinquante ans qu'il dessert la paroisse), fit faire un service pour celui qui fut le bienfaiteur de la contrée : l'église se trouva trop petite.

(2) La dernière photographie que nous ayons de M. Petit a été faite, à Saint-Prix, par l'abbé P., qui nous a gracieusement cédé son cliché. Un artiste amateur, aussi aimable que désintéressé, le comte O'C., en a tiré tout le parti possible; grâce à lui, le portrait de M. Petit a pu être offert à nos lecteurs.

de Marie-Thérèse et Saint-Prix sans dire que la bonté de M. Petit ne se bornait pas aux prêtres âgés ou infirmes retirés dans ce noble asile. Son action bienfaisante s'étendait partout où se trouvait un prêtre du diocèse âgé ou malade, dénué de ressources. Il y en avait à Paris, dans leur famille, en province ou à quelque station hivernale du midi de la France. Ses lettres et ses *images* savaient les atteindre à Cap-Breton des Landes, à Pau, à Nice ou à Cannes. Nous aurions voulu lire ces lettres pleines d'une tendre et fraternelle amitié. Cette belle part de l'héritage administratif de M. Petit est échue à M. Fages, chanoine, Official du diocèse. Marie-Thérèse et Saint-Prix ont retrouvé, sous un autre visage, la même bonté, la même vénération pour les vétérans et les invalides du sacerdoce :

..... *Primo avulso non deficit alter.*
Aureus.

XII

Nous savons quelle place occupait M. Ducastel dans le cœur de M. Petit. C'est dire quelle dut être sa joie, le 19 juillet 1872, fête de saint Vincent de Paul, en l'installant curé de Saint-Jacques du Haut-Pas. M. Ducastel n'avait passé que deux ans à Puteaux; mais quelles années! Celles de la guerre et de la Commune. Dieu sait ce qu'il y déploya de zèle, de dévouement, pendant ces jours de malheur, surtout au moment de la guerre civile, où il courut les plus grands dangers, en allant relever et soigner les blessés sur le champ de bataille. Pendant qu'il se dépensait ainsi d'une manière héroïque, il était en butte aux mauvais procédés d'une municipalité malveillante!

Quoiqu'il n'ait fait que passer à Puteaux, son souvenir y est resté vivant, et plus d'une des œuvres qu'il y a fondées subsiste encore. C'est sous lui que fit ses premières armes le saint abbé Combes, l'apôtre de la paroisse; il ne pouvait avoir meilleur modèle de zèle et de charité.

Mgr Guibert, instruit du mérite et des services de M. Ducastel, et sachant sa santé ébranlée, le nomma curé de Saint-Jacques du Haut-Pas, et l'archidiacre de Sainte-Geneviève offrit naturellement à M. Petit de procéder à la cérémonie de l'installation. Il ne pouvait refuser cette occasion de témoigner publiquement sa reconnaissance à celui qu'il aimait comme un père. Il rappela son passé avec émotion, fit allusion avec humilité à sa propre origine si modeste, et loua son bienfaiteur avec une extrême délicatesse.

Hélas! le ministère de M. Ducastel à Saint-Jacques ne dura guère que quatre ans; mais ce temps ne fut pas nécessaire pour lui gagner tous ses paroissiens, même ceux qui furent, de prime abord, un peu déconcertés par ses manières de procéder, qui sortaient parfois du genre convenu. Mais la bonté, le dévouement, la charité, inspirés et soutenus par une foi ardente et naïve, imposent l'estime, l'admiration et l'affection. On vit, au jour de ses funérailles, que la paroisse comprenait quelle perte elle faisait, par la mort d'un tel curé. Ajoutons, sans plus tarder, que M. Petit éprouva, à des intervalles assez rapprochés, le vif chagrin de voir mourir les personnes qui, avec M. Ducastel, avaient été le plus mêlées à sa vie. Adolescente, si noble et si dévouée en sa simplicité, partit la première, nous l'avons dit, et Mme Renoult, la dernière, aux jours de Pâques 1884. Certainement Mme Renoult et M. Ducastel sont parmi les trois personnes auxquelles faisait allusion M. Petit à ses derniers moments, lorsqu'on lui demandait de se souvenir, au ciel, de ceux qu'il avait aimés : « Oh!

oui, il y en a trois qui m'attendent et que j'ai bien aimés... J'attendrai les autres! »

Quelques mois avant son départ pour l'Orient, en mai, M. Petit eut une consolation analogue à celle qui lui avait été donnée, en 1872, à Saint-Jacques du Haut-Pas. Il fut invité à installer, comme curé de Notre-Dame de la Gare, M. l'abbé Reinburg, chanoine honoraire, premier vicaire de Saint-Gervais, son ancien condisciple à Notre-Dame des Champs et à Saint-Sulpice, et son collaborateur à l'Archevêché. Il aurait souhaité une paroisse moins lourde pour son ami, dont les forces n'égalent ni le courage ni le zèle; mais les circonstances ne permirent point la réalisation de son désir. Nous entendons encore sa parole chaude et vibrante. C'est sans doute la dernière fois qu'il parla en public à Paris. Un Service, pour le repos de son âme, eut lieu en octobre, à Notre-Dame de la Gare. Prier pour lui parut à M. Reinburg, et avec raison, la meilleure manière de témoigner sa reconnaissance à son ami.

L'amitié! Voilà la grande vertu humaine, mais surnaturalisée de M. Petit. Aucun de ceux qui l'ont bien connu ne nous contredira. M. Petit fut un ami fidèle, sûr, dévoué, courageux, confiant, sans cesser d'être prudent. A Jérusalem, dans un moment où l'on crut que le mal était enrayé et que la convalescence allait commencer : « Je reviendrai donc en France, disait-il, et je reverrai tous mes amis! »

Pendant sa captivité et lorsqu'il se crut à la dernière heure, il eut un souvenir pour ses amis, qu'il ne séparait point de ses parents. Dans le commerce de la vie, il était plein de délicates attentions pour eux, et il n'eut jamais rien, à la lettre, qui ne leur appartînt. Il s'ingéniait à leur être agréable, à leur épargner les ennuis, les humiliations. Plus ils étaient malheureux et même coupables, moins il les oubliait. D'autres, à sa place, de peur de se compromettre, ou sous prétexte de dignité à sauvegarder, se seraient détournés ou auraient donné des conseils et des secours de loin! Lui, au contraire, épargne à son ami la peine de demander; il n'est tranquille que lorsqu'il a relevé, remis debout, l'ami tombé. Rougir de son ami! jamais! En religion, comme en amitié, le respect humain répugnait à cette âme fière, généreuse et loyale.

Il eut des chagrins dans la vie, des froissements et des ennuis; qui n'en a pas? Mais les plus grands ne furent que le contre-coup des injustices faites ou qu'il croyait faites à ses amis. Nous l'avons vu tout bouleversé, des semaines entières, peu de mois avant sa mort, parce que, à tort ou à raison, on avait eu quelque procédé violent contre un vieil et fidèle ami, qui fut en même temps son collaborateur et son homme de confiance.

Son zèle pour ses amis, bien connu de ceux qui l'entouraient, a dû être quelquefois un préjugé contre les mesures d'administration qu'il proposait. On le croyait partial et il n'était qu'un ami, convaincu du mérite de ses protégés et de la justice de leur cause! Échouer dans une combinaison où un ami était en jeu lui causait une vive peine; mais il avait grande affection pour ceux qui appuyaient bravement les propositions qu'il avait faites. Lui, si prompt à oublier, à pardonner les torts qu'on avait à son égard, — et nous lui avons vu faire des actes héroïques en ce genre, — avait peine à pardonner les mauvais procédés à l'égard de ceux qu'il aimait. Quand on louait ces personnes devant lui, qu'on faisait valoir leurs qualités d'esprit et de cœur : « C'est vrai, disait-il; mais elles ont fait de la peine à M. Ducastel » — ou à tel autre de ses amis !

Mais c'est surtout dans la souffrance et la maladie qu'on avait la preuve de son bon cœur. Il était vraiment le consolateur qu'on souhaitait pour l'heure dernière, et nous savons de ses anciens camarades, plus ou moins éloignés de Dieu, qui comptaient sur lui pour le moment de la grande épreuve. Cette pensée, nous l'avons lue dans leurs yeux en larmes, lorsqu'ils apprirent la triste nouvelle; mais nous l'avons lue aussi dans leurs lettres. La voici exprimée dans le passage d'une de ces lettres, écrite par un ami, à qui la vie a été dure et qui a retrouvé, dans la douleur, la foi de sa jeunesse. Il a déjà vu la mort de près et n'oublie pas que son ancien condisciple et ami était là pour le fortifier... « Je voulais cependant vous parler de l'abbé Petit. J'ai ressenti deux fois dans ma vie la douleur de perdre un père. Je pensais qu'il serait là près de moi quand viendra la fin. Sa foi m'était une force; sa charité vibrait dans sa parole si chaude; sa bonté compatissait si pleinement à toutes les tristesses, et l'on voyait si bien qu'à ses yeux les deuils de la vie n'étaient que misères, que l'on rougissait presque d'avoir besoin de ses consolations et de sa pitié. Pour vous dire tout, je crois qu'il est toujours près de moi; je le prie et j'ai confiance que la mort ne l'a pas pris tout entier. »

Les sentiments qu'exprime l'auteur de cette lettre sont ceux de tous les plus intimes amis de M. Petit. Sans cesser de prier pour lui, ils ont comme une invincible conviction qu'il est toujours là, prêt à les accueillir avec son bon sourire et son ton familier! Aussi son souvenir sera toujours vivant dans leurs cœurs, et plus d'un ira prier sur la tombe qui garde sa dépouille mortelle près du tombeau du Christ!

Ces regrets sont compris et partagés même par ceux qui ne furent pas liés à M. Petit, comme nous, par un long commerce d'amitié. Citons M. Maxime Du Camp. L'aimable et loyal Académicien fut en rapport avec lui à l'occasion de ses travaux sur la *Charité privée à Paris*. M. Petit lui avait été donné, par le cardinal Guibert, comme introducteur auprès des communautés et des directeurs des Œuvres qu'il voulait étudier, et spécialement auprès des Petites-Sœurs des Pauvres de l'avenue de Breteuil. M. Petit avait conservé le meilleur souvenir de ces relations, et les impressions de l'Académicien à son sujet ne furent pas moins bonnes, si on en juge par l'extrait de la lettre suivante : « J'ai toujours rencontré en lui une complaisance empressée dont j'ai été très touché. J'ai appris sa mort avec un vif chagrin, car ses qualités ne m'avaient point laissé indifférent; il était à la fois bon, spirituel et gai. Je sais qu'il a laissé des regrets persistants dans le cœur de ceux qui l'ont connu, et je n'en suis point surpris. »

M. Maxime Du Camp a bien dépeint M. Petit : il ne manque qu'un trait pour que l'esquisse soit complète, celui qui indique les vertus surnaturelles et qui rappelle la piété : Il était « bon, spirituel, gai » — et pieux.

XIII

L'Infirmerie de Marie-Thérèse et les communautés religieuses dont il était le supérieur ne suffisaient pas au zèle sacerdotal de M. Petit. Il fallait à cette âme ardente le contact permanent d'autres âmes à sanctifier. Ce ministère désiré, il le trouva au milieu des vieillards des Petites-Sœurs des Pauvres. Il connaissait toutes leurs maisons de Paris, parce qu'il fut auprès de chacune d'elles le messager de la charité des archevêques. Aussi ne tarda-t-il pas à connaître et, par conséquent, à admirer les Petites-Sœurs.

En 1871, il écrivait de Mazas : « J'aime les Petites-Sœurs; elles sont aussi ma famille. Ce sont les Petites-Sœurs qui m'ont envoyé différentes choses. Vivent les pauvres, ce sont toujours les meilleurs! » Le cardinal Guibert le nomma leur supérieur ecclésiastique. Une fois la résolution prise de s'associer de plus près à l'œuvre des Petites-Sœurs, le choix de la maison était tout indiqué. Un soir de novembre 1885, il se présente à la communauté de l'avenue de Breteuil. « Mes Petites-Sœurs, je viens de faire ma retraite et j'ai pris comme résolution d'être votre aumônier. Je viens m'offrir, voulez-vous de moi? » On devine quelle fut la réponse. Leur supérieur, leur bienfaiteur, un grand vicaire de Paris se mêler, se vouer ainsi à leur œuvre! Les bons vieillards furent fiers d'avoir un tel aumônier.

Ce n'est pas seulement pour ses titres d'aumônier qu'il fut ainsi accepté avec enthousiasme. Déjà on l'avait en grande admiration, — nous dirions même vénération, — à cause de son héroïque charité; il en avait donné des preuves l'année précédente. En novembre 1884, on le sait, le choléra fit de nombreuses victimes parmi les vieillards de la maison. Deux

Sœurs succombèrent en les soignant. Aussitôt le mal déclaré, M. Petit accourut et multiplia ses visites. Le cardinal Guibert, apprenant l'intensité de l'épidémie, voulut aller bénir et encourager les malades et les bonnes sœurs. M. Petit l'accompagna. Ces visites fréquentes communiquèrent le mal au futur aumônier, qui fut en proie, pendant plusieurs jours, à une violente cholérine. Le médecin ne fut pas sans inquiétude. Le danger couru ne fit que l'attacher de plus en plus à l'asile.

Quelques détails sur la manière dont il s'acquitta de ses nouvelles fonctions.

« Souvent, avant de monter à l'autel, le matin, il adressait la parole aux vieillards. On ne fut pas longtemps à connaître sa foi vive et sa piété expansive. Une flamme d'amour pour le « Bon Maître » qui montrait Jésus dans les pauvres jaillissait de ses discours ? » Nous ne pouvons mieux caractériser cette partie de la vie de M. Petit qu'en citant les paroles de Mgr l'Archevêque. Une des Petites-Sœurs écrivait les lignes suivantes. « Le passage de la lettre où Mgr Richard décrit la vie de M. Petit, chez les Petites-Sœurs des Pauvres et au milieu des vieillards, est achevé; M. Petit est là, vivant tel qu'il était, et l'on ne saurait mieux dire. » Voici ce passage :

« Il y a une œuvre qui, dans les dernières années de sa vie, semble avoir été l'objet de sa prédilection : celle des Petites-Sœurs des pauvres. Il veillait avec une tendre prévoyance à tous leurs besoins; il faisait bon le voir au milieu des vieillards; sa charité sacerdotale débordait avec eux. Il les aimait et en était aimé. Aussi avait-il voulu se faire l'aumônier de l'avenue de Breteuil. Chaque matin, il y célébrait la sainte messe; il entendait les confessions des vieillards. C'était là son meilleur et son plus doux repos. »

« Aussi, écrit une de ces Petites-Sœurs, il s'établit vite entre un pareil aumônier et sa petite paroisse une véritable amitié. Là, il se faisait tout à tous; le vicaire général devenait le « Père Petit », comme il aimait à se laisser et à se faire appeler. L'un des hommes avait-il quelque peine, il n'était pas rare alors de voir M. Petit s'approcher de ce vieillard, lui parler et, enfin, il le serrait dans ses bras. A l'infirmerie, au lit de mort des bons vieillards, il avait toutes les délicatesses de la charité. »

Ajoutons qu'il voulut visiter la maison-mère des Petites-Sœurs, la Tour Saint-Joseph (diocèse de Reims), et connaître personnellement le Père fondateur (1) et la bonne Mère générale.

(1) Le vénéré fondateur vit encore. On sait qu'il s'appelle l'abbé Augustin Lepailleur. « C'est une âme pétrie de charité. » Il a vraiment reçu le génie de cette vertu, comme dit saint Paul, *Ingenium caritatis*. Il a commencé son œuvre en 1840, à Saint-Servan, de concert avec une pauvre ouvrière, Jeanne Jugan, devenue en religion Marie de la Croix, morte en 1877. L'œuvre n'a donc pas cinquante ans.

Nos lecteurs nous permettront de dire ce que sont aujourd'hui les Petites-Sœurs des Pauvres, d'après une admirable lettre pastorale de Mgr l'Archevêque d'Aix. Nous l'avons lue, pour la première fois à Aix, au mois de septembre, en revenant de faire nos adieux à M. Petit. L'éminent auteur, dont nous fûmes l'hôte d'un jour, daigna nous en donner plusieurs exemplaires, dont un, dans notre pensée, était destiné à l'aumônier de l'avenue de Breteuil! Il l'aurait lu avec enthousiasme! Nous citons :

« Augustin Lepailleur est supérieur général de cette

Citons un trait de cette visite : Le cardinal Guibert se servait d'un large manteau noir. Sur son désir, il fut envoyé, après sa mort, par M. Petit lui-même, au bon Père fondateur des Petites-Sœurs. « Nous aimons à nous rappeler, écrit une Petite-Sœur, la joie de M. Petit quand il vit le manteau du cardinal Guibert sur les épaules de notre bon Père. Il y voyait l'union de deux personnes et de deux œuvres qui lui étaient chères. ».

angélique famille, de cette ruche féconde, qui a envoyé des essaims dans toutes les parties du monde, où elle fait bénir le nom de Dieu et de notre France, qui possède la spécialité de ces inimitables créations.

« Elles ont aujourd'hui deux cent cinquante-deux maisons. La nôtre (celle d'Aix en Provence) est la deux cent cinquante-troisième; celle de Saint-Pierre de Vaise était la cent soixante-dix-septième. En dix ans elles ont fondé soixante-dix-sept nouveaux établissements : le nombre des religieuses s'élève à quatre mille. Elles nourrissent chaque jour trente mille pauvres. Vous entendez, mes Frères; *trente mille pauvres* qui, sans elles, seraient dans la plus noire détresse. *Trente mille pauvres*, c'est-à-dire que chaque Petite-Sœur en a plus de sept pour son propre compte ! Un père et une mère de famille se croient très chargés, quand ils doivent pourvoir à l'entretien de sept enfants, qui un jour seront leur soutien et les récompenseront peut-être de leurs sacrifices. Et voilà d'humbles filles qui n'ont pas un

M. Petit revint ravi de ce pieux pèlerinage, et nous croyons que la maison de la Tour Saint-Joseph fut un des coins de terre où il désira terminer sa vie. Ce qui est certain, c'est qu'au moment de son départ pour Jérusalem, il disait à un ami : « Je ne crois pas que je revienne d'Orient. Dans tous les cas, si je reviens à Paris, je supplierai Mgr Richard d'accepter

centime de rente assurée pour demain et qui se chargent de nourrir, de vêtir, de soigner dans leurs infirmités, leurs maladies, leur vieillesse, sept pauvres invalides, dont elles ne sont ni les mères, ni les filles, ni les parentes à aucun degré; dont elles ignorent la vie, qu'elles ne veulent pas connaître, et dont elles n'espèrent rien, afin qu'elles soient mieux les filles du Très-Haut, qui donne sans rien recevoir. Sept vieillards pour cette enfant de dix-huit à vingt ans! Elles n'ont jamais fait mes calculs; comme elles vont être étonnées quand elles me liront! Elles ne regardent qu'à la longueur de leurs tables et jamais au nombre des convives qu'elles reçoivent et servent. — Je défie le plus mauvais des hommes de ne pas dire au moins au fond de sa conscience : c'est magnifique! c'est divin!!!.....

« Mais d'où viennent ces chères Petites-Sœurs? De partout. Dans leur vaste maison-mère et noviciat de la Tour Saint-Joseph, près de Rennes, vous trouveriez des recrues sorties de toutes les positions sociales : d'humbles servantes, des ouvrières, des filles d'artisans, de petits marchands, de paysans, de riches négociants, les descendantes de la noblesse la plus ancienne et la

ma démission et de me rendre ma liberté. Ce qu'il me faut, c'est une stalle à Notre-Dame, avec l'aumônerie des Petites-Sœurs des pauvres. Mais, voudra-t-on me l'accorder? — J'es« père que non », répondit cet ami. « Vous devez mourir au poste où vous avez fait tant de bien. »

Les Petites-Sœurs des pauvres furent jusqu'à la fin, même dans les fatigues du voyage

plus authentique. Les rangs sont confondus : elles sont Petites-Sœurs tout court, servantes des pauvres, cuisinières, infirmières, quêteuses. C'est l'égalité : elles sont admises à tous les emplois; c'est la liberté : elles sont venues parce qu'elles ont voulu venir, elles restent parce qu'elles veulent rester; c'est la fraternité : elles disent toujours et à toutes : ma sœur, ma sœur Marie, ma sœur Joseph, ma sœur Xavier; on ne reconnaît pas d'autre titre et on le leur fait bien voir. Telle qui dans la maison paternelle n'aurait pas lavé son mouchoir de dentelles et encore moins essuyé une assiette de ses doigts délicats et parfumés, fait la lessive, rince la vaisselle, épluche les légumes, sert à la cuisine, et même à la basse-cour.

« Il n'y a rien de petit dans la maison de Dieu : c'est lui seul qu'elles voient à travers les pauvres, qui en sont la plus expressive image : *J'ai eu faim et vous m'avez donné à manger.* Parmi ces servantes à vie de la vieillesse sans pain et sans asile, il y en a qui n'auraient jamais voulu servir une demi-journée dans le palais des rois. »

et les angoisses de la maladie, dans la pensée de M. Petit. « Je vous recommande, écrivait-il à M. Poudroux, nos Petites-Sœurs, soit pour les aider de vos conseils, soit, au besoin, pour leur procurer un bon aumônier, avec esprit droit et juste. »

XIV

A la mort du vénéré Cardinal (juillet 1886), M. Petit fut confirmé dans toutes ses dignités et fonctions par Mgr Richard, qui avait apprécié et son absolu dévouement et ses « remarquables aptitudes administratives ». Mais M. Petit avait de plus en plus la nostalgie de la solitude. Il voulait mettre « un espace entre la vie et la mort ». Ses amis savent que c'était là une idée à laquelle il revenait souvent, et ils n'ont pas ignoré qu'il fit sa retraite annuelle, en différentes communautés, pour s'essayer à la vie religieuse.

Le voyage à Rome, pour le Jubilé de Léon XIII, lui fut extrêmement agréable (1)

(1) Ce dernier voyage en Italie procura à M. Petit une grande consolation en dehors même des émotions et des

et sembla avoir atténué, sans la faire disparaître, cette préoccupation de retraite. Il disait bien encore à un ami de province de venir le voir dans son appartement de l'Archevêché : « Hâtez-vous de me venir trouver et passer quelques semaines chez moi. Avant qu'il soit bien longtemps, je n'aurai plus une aussi agréable installation à vous offrir. » — « Inutile

joies inoubliables que lui donnèrent les manifestations de Saint-Pierre et du Vatican, les audiences de Léon XIII et les visites accoutumées aux sanctuaires de Rome et aux basiliques de Saint-Paul et de Sainte-Agnès *hors des murs.* Il obtint, en effet, de Mgr Richard un congé de deux ou trois jours, qu'il consacra au double pèlerinage de Lorette et d'Assise. C'était depuis longtemps son vif désir de célébrer la messe à la *Santa Casa* de Nazareth et de retrouver les traces du grand saint François dans sa patrie. Ses désirs furent satisfaits. Il ne s'attarda qu'à Assise.

C'était un fervent *tertiaire :* la vie de saint François lui était donc familière, et il connaissait, avant de les avoir vues, l'église de la Portioncule, les trois églises superposées du Grand Couvent et les couvents de Saint-Damien et de Sainte-Claire. Il ne pouvait s'arracher à la contemplation des fresques du Giotto. Se souvenant que l'*Assistante* d'une de ses communautés s'appelait François d'Assise, il eut la délicate attention de lui écrire, afin de témoigner qu'il n'oubliait ni elle ni la communauté pendant son voyage, surtout au pied du tombeau de saint François !

de se presser, répondit l'ami; vous êtes trop nécessaire à l'Archevêché pour qu'on vous laisse partir tant que vous serez valide. »

Mais déjà il méditait son pèlerinage à Jérusalem. Sa détermination, déjà en voie d'exécution lorsqu'elle fut connue, causa la plus grande surprise. La plupart des amis l'apprirent par des lettres jetées à la poste au moment de monter en chemin de fer ou écrites à la hâte de Marseille, quelques heures avant son départ. En quelques jours, il a réglé ses affaires (1), obtenu la permission de faire le voyage avec décharge de son administration, et le voilà en route pour Laon.

(1) Ici notons encore un trait de reconnaissance et d'amitié. M. Petit a voulu que l'exécuteur de ses dernières volontés fût un des anciens protégés de M. Ducastel, « le petit Paul, » dont le nom figure dans ses lettres de la captivité et qui, devenu prêtre, conserve le fidèle et pieux souvenir de ceux qui furent ses pères et ses modèles. Parmi les recommandations faites, figure celle de disposer, en faveur d'un vieil ami, de ses habits de chœur de Notre-Dame, qui étaient déjà des reliques pour lui puisqu'ils lui venaient de Mgr de Cuttoli et du curé de Saint-Jacques. Enfin, il a réglé que la personne qui fut à son service plusieurs années eût à se louer, sa vie durant, d'avoir été sous un tel maître.

Le 21 août, il avait écrit à sa sœur : « Je me suis décidé à prendre part au pèlerinage de Jérusalem, qui partira de Marseille le 31 août. Comme bien vous pensez, je ne puis entreprendre un pareil voyage sans mettre ici mes affaires en règle, mais je tiens aussi à aller recevoir votre bonjour pour avoir bon voyage. »

« Comme mes heures sont comptées, je vous arriverai, du moins c'est ma pensée, samedi matin à 6 heures, pour célébrer avec vous la Saint-Louis. Donc, à samedi, et dès maintenant, bonne et joyeuse fête. »

Ce fut sa dernière apparition dans cette communauté de l'Hôtel-Dieu de Laon où, pendant plus de trente ans, ses visites furent une fête. Jamais il ne se montra aussi affectueux pour sa sœur. Il lui fit toutes ses recommandations comme s'il ne devait plus la revoir. Elle, de son côté, eut l'invincible pressentiment que c'était un dernier adieu. Alla-t-il une dernière fois saluer Notre-Dame de Liesse? Nous l'ignorons. C'était le pèlerinage de sa jeunesse et celui que préferait entre tous

M. Ducastel, celui que devait aimer le plus M. Petit. La vocation de l'un et de l'autre avait grandi, si elle n'était née, aux pieds de Notre-Dame de Liesse. Aussi aimaient-ils à y revenir. Tous les deux visitèrent Notre-Dame des Ermites, Lourdes, Sainte-Anne d'Auray, mais leur cœur revenait toujours au sanctuaire de Notre-Dame de Liesse.

Le 15 août, dernier entretien à la communauté du Roule. Il laissa l'impression d'un adieu à toujours. « Ne craignez pas la mort, mes bonnes Sœurs; voir Jésus, quel bonheur! Vivre dans le surnaturel, se faire saint, ne pas s'épargner. La vie est courte et l'éternité approche! » La joie de son pèlerinage exaltait sa foi et son amour.

Quelques jours après, il écrivait à la Mère supérieure : « Je vais là-bas avec un attrait puissant pour ces chers lieux que Notre-Seigneur a foulés de ses pieds sacrés. En reviendrai-je? Du moins, il me semble qu'il me serait doux d'y mourir. Me voyez-vous à Bethléem, là où les anges ont chanté la paix de Jésus; à

Nazareth, errant aux environs pour y rechercher les traces de Jésus ouvrier; puis, au Calvaire! j'en ai déjà le cœur plein. »

La semaine ou mieux le dimanche qui précéda son départ, M. Petit fait ses adieux au Chapitre et à l'église de Notre-Dame.

Notre-Dame, qui l'a accueilli à son arrivée à Paris, à l'ombre de laquelle il a grandi, où il aimait à prier et à chanter! Notre-Dame, dont il est chanoine! Nous savons que son cœur se serra et que les larmes lui vinrent aux yeux, quand il franchit pour la dernière fois le seuil du temple béni. Aussi ne soyons pas surpris si, quelques instants avant de mourir, sur la montagne de Sion, à quelques pas du Saint Sépulcre, il aime à entendre résonner à son oreille le nom de Notre-Dame de Paris. Il pria aussi pour son voyage à Notre-Dame des Victoires.

Enfin, « le mercredi 29 août, jour de son départ, M. Petit célébra la sainte messe dans l'église du Sacré-Cœur de Montmartre. Depuis douze ans, le premier vendredi de chaque mois, à moins d'empêchements sérieux, quelques minutes avant sept heures, il arrivait assez souvent à pied depuis l'Archevêché, afin d'offrir l'auguste sacrifice dans la chapelle provisoire. Cette visite était si régulière que l'autel de l'Exposition était toujours réservé au pieux pèlerin; telle était, toutefois, la modestie et la déférence du vicaire général qu'ordinairement il se contentait de l'autel latéral. Il avait même expressément défendu de parler de lui dans *le Bulletin du Vœu national.* Dans sa dernière visite, il parut plus saintement joyeux que de coutume. Il parla de son projet de prolonger son séjour en Orient et du bonheur d'y rechercher Jésus. » — « Il y a vingt-sept ans que je travaille, n'est-il pas juste que je prenne quelques mois pour satisfaire ma dévotion? Du reste, toutes mes affaires sont en règle, je pars tranquille, rien ne souffrira pendant mon absence. »

« Voyant son enthousiasme, le P. Voirin lui dit : « Mais quand vous serez sur la montagne de l'Ascension, que ferez-vous? Imiterez-vous ce pèlerin dont saint François de Sales rapporte l'histoire? Suivrez-vous Jésus dans le ciel? Pour toute réponse, M. Petit sourit doucement (1). »

Les adieux sont faits à tous les amis présents à Paris, à tous les confrères et à tout le personnel de l'Archevêché, Le moment est venu de prendre congé de Mgr l'Archevêque lui-même. C'est avec la plus vive émotion qu'il lui demande sa bénédiction, et c'est les larmes aux yeux, — était-ce un pressentiment? — que Sa Grandeur l'embrasse et le bénit. Cet attendrissement et ces larmes n'échappent pas à M. Petit qui en est touché au-delà de toute expression. « Monseigneur pleurait quand il m'a embrassé, disait-il à son ami; j'ai vu ses larmes! Il m'a fait un dernier plaisir en m'annonçant, spontanément, une bonne nouvelle concernant un de mes meilleurs amis. Je n'oublierai jamais cela! Ce n'est pas tout, il m'a donné une lettre de recommanda-

(1) *Pieux souvenirs de la Congrégation Notre-Dame*, p. 312.

tion pour Mgr Bracco, le Patriarche latin de Jérusalem. Elle dit, plus que toutes les paroles, que j'ai une place dans son cœur. »

Cette lettre, nous avons voulu la lire, et, grâce à la très aimable complaisance de Son Excellence le Patriarche, nous pouvons en reproduire ici la copie.

Paris, 28 août 1888.

ARCHEVÊCHÉ DE PARIS

—

« Monseigneur.

« Je demande à Votre Excellence la permission de lui présenter le porteur de cette lettre, M. l'abbé Petit, vicaire général et chancelier de l'Archevêché de Paris.

« M. l'abbé Petit est un de mes plus chers et plus dévoués collaborateurs après l'avoir été de mon vénérable prédécesseur, le cardinal Guibert, dont il était tendrement aimé; et de Mgr Darboy, dont il a partagé la captivité en 1871, pendant la Commune.

« La piété le conduit à Jérusalem et dans la

Palestine pour visiter les Lieux-Saints. J'ose le recommander à toute votre bienveillance.

« Je saisis volontiers cette occasion, Monseigneur, de vous offrir l'hommage des respects dévoués avec lesquels je suis,

« De Votre Excellence le très humble et très obéissant serviteur.

« ✝ FRANÇOIS, *arch. de Paris.* »

M. Petit, ainsi muni, quitta Paris par l'express du soir, le mercredi 29 août. Les derniers adieux qu'il reçut, à la gare de Lyon, furent ceux de la personne pieuse et dévouée qui était à son service, de l'abbé Pinet (1), et enfin du chanoine Poudroux, un autre lui-même qu'il a initié, de longue main, aux secrets et au maniement des finances diocésai-

(1) M. Petit dans ses projets avait dit. « Je resterai à Jérusalem : l'abbé Pinet et Hermance m'y viendront voir à Pâques avec le pèlerinage de pénitence. » Cela fut promis en riant. Au moment où s'impriment ces lignes. la bonne domestique prie sur la tombe de son ancien maître. Les exigences du ministère ont seules empêché l'abbé Pinet de faire également ce grand pèlerinage.

nes. Il eut toute sa confiance, et il mit en pratique ses principes de sage et discrète administration.

Quoiqu'il fut disposé à tous les sacrifices, il en coûtait à M. Petit de partir de France sans avoir vu deux personnes, éloignées toutes les deux de Paris. Il ne pouvait espérer avoir cette douce satisfaction : l'une était sur les bords de l'Océan, aux environs de Bayonne, et l'autre tout près de Lourdes. Mais voilà que la première, contre toute prévision, par des circonstances indépendantes de sa volonté, est amenée à Paris, par la sainte obéissance, la semaine même du départ. L'autre ami, contre toute espérance, se trouva à Marseille, le 31 août. M. Petit écrivait à ce dernier, au moment de quitter Paris :

« Je ne sais où ce mot vous trouvera pour « vous annoncer une surprise, celle-ci, que, « vendredi 31, à 4 heures de l'après-midi, je « m'embarque pour la Terre-Sainte. Je ne « sais quand ni si j'en reviendrai. J'ai trouvé « auprès de Mgr l'Archevêque une affection

« et des témoignages d'intérêt qui m'ont « touché. Il croit que je reviendrai dans six « semaines, et moi je crois que je ne revien- « drai pas du tout. Vous serez fixé à cet égard « dans deux mois. Donc, mon ami, selon « toutes les apparences, nous ne nous verrons « pas demain. Je garderai fidèlement au « cœur votre souvenir. »

C'étaient des adieux, les derniers dans sa pensée; mais ils ne le furent pas en réalité. Le vendredi 31 août, vers 9 heures et demie du matin, il descendait, avec ses compagnons de pèlerinage de Notre-Dame de la Garde, à Marseille, portant sur sa poitrine la croix de pèlerin qu'il venait de recevoir aux pieds de la bonne Mère, lorsqu'il rencontra à l'entrée de l'hôtel, l'ami qu'il n'espérait plus revoir. Sa surprise et sa joie furent grandes et expansives; ce fut la dernière joie humaine sur la terre de France. Il ne cacha point la satisfaction qu'il avait éprouvée de trouver son ami à Marseille, et sa bonté allait jusqu'à lui faire un mérite d'être venu. « Je reconnais bien là mon vieil ami, disait-il; je passerai donc avec vous mes dernières heures de France. » Et il écrivait à M. Poudroux : « Le bon abbé T..., est accouru à Marseille pour me dire le chagrin de me voir partir si loin. C'est tout de même un ami de cœur. J'aime les gens qui ont du cœur. »

M. Petit paraissait content. Il parlait de Jérusalem, de sa résolution d'y passer les dernières années de sa vie, si sa santé et les circonstances le permettaient, ou, s'il revenait, de vivre tout à Dieu et aux pauvres, à Notre-Dame et à l'avenue de Breteuil! Ses amis ne furent pas oubliés dans ces derniers entretiens, et un petit neveu qu'il aima d'une tendresse toute maternelle fut l'objet de ses spéciales recommandations : « J'ai tout fait à la hâte, disait-il, mais je crois n'avoir rien oublié, ni personne. Encore aujourd'hui, j'ai écrit pour que Hermance, qui m'a servi avec le même dévouement que Louise, ait les mêmes raisons qu'elle de se souvenir de moi. »

Les pèlerins, quatre ou cinq, et l'ami déjeunent ensemble (1). Tout promettait un heureux pèlerinage. Vers 3 heures, on se rend au paquebot. Par un heureux hasard, ou mieux une gracieuse condescendance, la cabine la plus agréable appartient à M. Petit. C'est celle

(1) Avant le déjeuner il écrivit trois ou quatre lettres, dont deux doivent trouver leur place ici. Voici d'abord celle qu'il adresse à sa sœur, Mme Saint-Louis :

« Marseille, 31 août 1883.

« Bonne et chère sœur,

« Dans quelques heures nous nous mettons en mer, sur cette mer qu'a traversée saint Lazare avec ses sœurs. Nous sommes sept. Nous avons reçu, ce matin, à Notre-Dame de la Garde, la croix de pèlerin des mains d'un vicaire général d'ici.

« Le temps est splendide et pas trop chaud. Notre voyage débute donc d'une manière tout heureuse. Tous nous sommes contents, nous réjouissant, à l'avance, de l'insigne bonheur de pouvoir baiser la trace des pas du Sauveur.

« Tous aussi nous sommes en bonne santé. Donc, sous la protection de Marie, Étoile de la mer, au revoir.

« E. Petit.

« Souvenirs affectueux à notre chère Mère supérieure et à toutes les bonnes mères et sœurs. »

La seconde lettre, adressée à son petit neveu, enfant de treize ans, pourrait servir de règle de conduite à bien

qui doit servir de chapelle à la pieuse caravane. Le signal du départ va être donné : les deux amis s'embrassent pour ne plus se revoir ici-bas. *La Seyne* s'éloigne majestueuse et rapide. Pendant que l'ami restait sur le rivage

des jeunes gens. On sent qu'elle a jailli, tout d'un trait, de son cœur d'oncle et de prêtre.

« Marseille, 31 août 1888.

« Mon cher Louis,

« Je vais aujourd'hui même m'embarquer pour la Terre-Sainte. Si le bon Dieu m'y fait arriver heureusement, tu penses bien que tu auras une bonne part dans mes prières. Si d'autre part le bon Dieu ne permet pas que je revienne, toujours tant que je vivrai et plus tard encore et surtout là-haut où j'espère bien aller, je penserai à mon Louis, demandant pour lui *lumière*, pour se bien gouverner en ce monde et *force* et *courage* pour toujours agir selon cette lumière et en conformité parfaite avec les principes que donne la foi chrétienne. Ça ce serait mon testament au profit de mon Louis.

« Maintenant, il me reste à te rappeler, mon enfant, que tous nous avons nos défauts. Le mérite de la vie est de les connaître et de travailler à les corriger. Peux-tu, mon ami, te rendre le témoignage que sous ce rapport tu as fait quelques progrès? Si *oui*, que le bon Dieu en soit loué, si *non*, ne te décourage pas, mais ne *t'endors pas*. Tu es à l'âge où on prend son pli, l'Ecriture sainte dit que le *jeune homme prend et garde sa voie*, et que même dans sa vieillesse il ne s'en écarte pas. Donc à la besogne pour bien faire. Le bon Dieu t'a donné de

et recommandait le pèlerin à Notre-Dame de la Garde, celui-ci, de son côté, se mettait sous sa protection, et, avec une émotion contenue, disait, par la pensée, un adieu aux amis et à la terre de France.

l'intelligence, et dans ton cœur il a mis des ressources précieuses. A toi de t'en servir et d'en tirer le parti le meilleur. Jusqu'ici je me suis aperçu que tu ne songeais guère qu'à tes propres satisfactions. Eh bien, c'est là une tendance qu'il faut combattre. L'égoïsme est le plus laid des vices. Tout le monde jusqu'ici a travaillé pour te servir, te rendre la vie aussi douce que possible. On n'a épargné aucun sacrifice, ni de cœur ni d'argent. Maintenant c'est à toi de faire quelque chose pour les autres. Tu ne m'auras pas de sitôt pour te le rappeler. Donc, dès maintenant, mon Louis, songe à faire plaisir aux autres, à tes parents, à tous ceux qui t'aiment et travaillent pour toi. *Sois attentif* à n'être plus si exigeant pour toi et à être plus empressé à servir les autres. Sois loyal, pas de ruse pour dissimuler ta paresse. Pareil procédé est indigne d'un noble cœur. Sois laborieux et sérieux. L'avenir sera à toi à ces conditions; et si tu n'y veilles tu deviendras un parasite pour le moins inutile. La nonchalance chez toi peut provenir de ta santé. Mais il faut la secouer *et vivre. Sois reconnaissant.* Sous ce rapport j'ai remarqué dans tes premières lettres quelques nuances délicates.

« Je ne les ai pas trouvées dans les dernières. Je ne t'en fais pas un reproche, j'appelle seulement ton attention là-dessus pour que te surprenant en défaut tu te corriges toi-même.

« Ah ! mon enfant, tu seras ce que je désire si tu restes

« Au départ de Marseille, écrit un de ses compagnons, alors que, parmi les passagers, les uns marchent sur le pont, les autres lisent ou causent, assis sur les banquettes, lui, adossé à la balustrade qui fait un angle rentrant, contemple silencieusement les côtes de France et semble leur dire un dernier adieu. »

fidèle au Dieu de ta première communion, si tu aimes l'Eglise, notre mère, si ses épreuves t'affligent, si ses joies te réjouissent. Mon Loulou, garde ton cœur bon et vertueux. Evite les mauvais camarades comme aussi les mauvais livres. Donne le secret de tes affections à la sainte Vierge, la patronne de ta mère. Je te place sous sa garde et en quittant la terre de France, je me mets, avec toi, sous sa maternelle protection. Je t'embrasse mon enfant, et je demande au bon Dieu de te bénir. »

XV

Le voyage jusqu'à Alexandrie fut charmant, parce que la mer resta tout le temps unie comme une glace. La petite caravane augura bien de ce début. Elle ne se composait que de sept pèlerins en tout : cinq prêtres séculiers et deux religieux franciscains. M. Petit en fut naturellement le chef. En peu de temps, il fut connu et apprécié par ses compagnons dont un, du reste, M. Depontailler, curé de Notre-Dame d'Auteuil, était un ancien condisciple du Petit et du Grand Séminaire, et fut, comme lui, otage de la Commune à Mazas et à la Roquette. Deux autres pèlerins, le R. P. Bouet, supérieur du Petit Séminaire de Lizieux, et M. Champenois, curé des Minimes, à Réthel, entrèrent en relations plus particulières avec M. Petit, et c'est grâce à leurs souvenirs que nous pouvons compléter les détails que nous donnent les lettres du voyageur, jusqu'au moment où la maladie l'arrêta complètement à Jérusalem.

« Pendant les longues journées de la traversée, sans exemple peut-être pour le calme de la mer et des vents, écrit le P. Bouet, M. Petit partagea son temps entre les exercices de piété qu'il prolonge et qu'il accomplit avec un respect religieux bien édifiant, des causeries familières avec nos compagnons, avec nous, le plus souvent, parfois le repos et le silence, sur sa longue chaise d'osier. Il était ennemi des grands airs. Il nous mettait tous à notre aise. Sa conversation était cordiale, pleine d'un aimable abandon. » — « La « Bonne Providence nous a bien choisis, di« sait-il parfois, pour être heureux ensemble. » — « Le soir, il était le premier à rappeler le devoir de la prière en commun et la présidait dans sa cabine. Le matin, lorsqu'il ne disait pas la messe, il voulait communier, et Dieu sait avec quelle piété il le faisait! »

« Pendant le trajet, remarque M. l'abbé Champenois, j'ai particulièrement admiré sa bienveillance et sa cordialité. Il témoignait une particulière affection à un jeune séminariste de Séez, qui allait faire son noviciat chez les Franciscains de Jérusalem. » Les jeunes séminaristes eurent toujours une place à part dans son cœur, et ce sentiment dura jusqu'à la fin! A la Roquette, dans la dernière lettre, il sollicite un secours pour un élève du sanctuaire, et les jours qui précèdent sa dernière maladie le voient plein d'amitié pour un séminariste, futur enfant de saint François.

Autre rapprochement. A la Roquette, il avait vécu et il s'était lié avec les Pères de la Compagnie de Jésus. Il en trouva sur le paquebot et ce lui fut une joie : « Outre mes compagnons qui forment notre petite caravane, écrit-il à sa sœur le 4 septembre, presqu'en vue d'Alexandrie, nous avons trouvé à bord quatre Jésuites qui vont à Beyrouth, où finira notre pèlerinage. Je retrouverai ces Pères vers la fin d'octobre. En attendant, il est bien agréable de les avoir comme compagnons de voyage. » Parmi eux, il s'en trouvait un qui connaissait Laon, Notre-Dame de Liesse et le lieu de naissance de M. Petit ; ce souvenir de la patrie lui rendait encore plus précieuse la compagnie de ce Père.

Sa charité eut occasion de se manifester pendant cette traversée de cinq ou six jours. « La chaleur de la cabine, dit un des pèlerins, avait produit chez moi une légère indisposition. M. Petit n'eut point de repos qu'il ne m'eût fait consulter le docteur du bord. Il surveillait l'administration des potions, mettait à ma disposition sa chaise longue et m'obligeait à m'y reposer. » Lui-même fut quelque peu éprouvé par la chaleur de la nuit. « Aussi, apprenant que plusieurs, pour la même raison, renonçaient à la cabine afin d'avoir un peu de sommeil, il essaya d'en faire autant ; et, enveloppé de son mieux, il passa la nuit sur le pont. Plus tard, il attribua une partie de son mal à cette imprudence.

Le plan du voyage portait que la caravane quitterait le paquebot à Alexandrie pour aller le retrouver à Port-Saïd, après avoir visité le Caire, les Pyramides. On débarqua donc à Alexandrie le 5 septembre. Lui-même écrit à sa sœur quel sera le séjour en Égypte : « A Alexandrie, nous laisserons notre paquebot qui ira nous attendre à Port-Saïd, à l'entrée du canal de Suez. Quant à nous, sous la conduite de guides bienveillants et expérimentés, nous parcourrons la terre d'Égypte et irons non loin de la mer Rouge, là où la sainte Famille a habité pendant la persécution d'Hérode. Tous ces souvenirs, délicieusement rafraîchis dans le cœur des pèlerins, les prépareront à goûter d'autres joies en Terre-Sainte. » Il ajoutait sans réserve aucune : « Ma santé est admirable! Sous ce rapport, tout aussi va bien. Vous savez que c'est une des conditions essentielles pour poursuivre la route sous le ciel brûlant de l'Orient. »

M. Petit ne voulut pas attendre d'être débarqué en Égypte pour redire sa reconnaissance à Mgr l'Archevêque. Nous ne connaissons qu'un passage de sa lettre, mais nous savons quels sentiments l'ont inspirée tout entière : « J'ai écrit à Sa Grandeur, disait-il à M. Poudroux; mon cœur avait besoin de le faire pour lui dire MERCI. » Ses amis et ceux qui ont lu les pages qui précèdent, savent tout ce que M. Petit mettait de respect, d'affection et de gratitude dans ce mot *Merci.*

Les débuts du séjour en Égypte furent joyeux : « L'annonce d'un pèlerinage conduit par un des premiers dignitaires du diocèse de Paris, écrit le R. P. Bouet dans son journal, nous avait partout préparé les voies. Les Frères de la doctrine chrétienne d'Alexandrie nous conduisirent à leur maison de campagne. M. Petit présida le repas champêtre qu'ils nous donnèrent à l'ombre des grands platanes de leur campagne. Il y avait là une soixantaine de Frères. La voix claire et ferme de M. Petit arrivait jusqu'au dernier et réjouissait l'assistance par l'à-propos et l'amabilité de sa parole. »

Avant de quitter Alexandrie, il désira visiter les communautés et les écoles catholiques. Partout, il tint à dire quelques mots d'édification et d'encouragement, et il le faisait « avec toute l'ardeur de sa foi et la piété de son cœur ».

Le trajet d'Alexandrie au Caire le fatigua par l'excès de la chaleur; mais son entrain reparaît pour la promenade des Pyramides. Un des pèlerins manifeste l'intention de faire l'ascension de la grande Pyramide. Il l'y engage vivement et joyeusement : « Je regrette, lui disait-il, d'être trop vieux pour me permettre cette fatigue; mais je serais désolé que personne de notre caravane ne fît l'ascension. Allez, je vous donne procuration; vous monterez pour nous et nous pourrons dire que nous avons fait l'ascension. » Et il rappelait, en riant, la fameuse proclamation du général Bonaparte : « N'oubliez pas, mes amis, que du haut de ces monuments quarante siècles nous contemplent ! »

« Je viens de voir les fameuses pyramides, écrit-il à sa sœur le 6 septembre, rien que cela. Je ne dis pas que c'est beau, mais je dis que c'est monstrueux. Je me représente ce qu'étaient les rois égyptiens, vrais tyrans de l'humanité. Ce qu'ils ont fait est pour donner satisfaction à leur orgueil, et cela aux dépens d'un peuple d'esclaves ! »

Les sentiments qu'il exprimait, il les redisait à ses compagnons. En considérant les misérables habitations des *fellahs*, espacées le long du Nil, il gémissait sans cesse sur l'état de dégradation, sur la pauvreté de ces paysans, et son âme s'élevait vers Dieu, le remerciant de nous avoir fait naître dans des conditions différentes. Il se demandait quels moyens on devrait prendre pour amener ces déshérités au christianisme, « à la vraie civilisation ».

Mais c'est surtout l'état de la femme qui le frappait, et il comparait ce qu'il avait sous les yeux à ce qu'il avait laissé en France, à la femme chrétienne élevée et transformée par la religion et la vie religieuse. « Hélas! écrit-il encore à sa sœur, ce que ce peuple est encore aujourd'hui, c'est triste à dire. La femme surtout, dans quel état d'abjection n'est-elle pas! Et dire qu'on ne peut l'aider à corriger l'idée qu'elle a de son infériorité. Oh! que nos femmes chrétiennes et françaises doivent aimer la sainte Vierge! Ici, nos religieuses sont regardées comme étant d'une nature à part. Tout le peuple, même musulman, s'incline avec respect sur leur passage. La femme arabe les regarde comme une apparition du ciel. Tout cela me touche et me jette dans d'étranges réflexions! Oh! que nous devons remercier Dieu du don de la foi! Pourquoi l'avons-nous reçu? Mystère de l'infinie miséricorde de Dieu! C'est ici surtout qu'on peut s'en rendre compte. »

Au moment où il écrivait ces lignes, M. Petit disait sa santé excellente; mais le voyage du Caire à Ismaïla, venant s'ajouter aux fatigues des courses dans la ville et de l'excursion aux Pyramides, épuisa ses forces. Il était comme anéanti en arrivant chez les Franciscains d'Ismaïla, le vendredi 7 septembre : « Je ne puis aller plus loin, dit-il au P. Gardien, je suis à bout de forces; mettez-moi n'importe où, dans un corridor, sur une botte de paille, mais je reste. »

Evidemment il était déjà sous l'influence de la fièvre. Le lendemain samedi, quoique la nuit eût été pénible, il fut en meilleur état et il s'embarqua avec la caravane pour Port-Saïd. Pendant tout le trajet sur le canal, il resta assis, immobile sans se plaindre. Chez les Frères de Port-Saïd, on essaie vainement de ranimer son appétit par une alimentation spéciale. L'estomac est comme paralysé. Mais, quoique malade, notre cher pèlerin ne laisse pas de témoigner à tous sa bienveillance et de s'intéresser aux affaires des chers Frères; ils lui demandent d'user de son influence pour hâter la conclusion d'une affaire concernant la communauté. « Justement, leur répondit-il, un de mes condisciples du Petit-Séminaire est parmi les premiers fonctionnaires de l'administration du Canal. Je ne doute pas qu'il n'ait égard à mon intervention et n'obtienne ce que je lui demanderai pour les bons Frères de Port-Saïd. »

De Port-Saïd à Jaffa, la mer fut pénible; tous les voyageurs furent fatigués, et lui plus que tous les autres. Dès son arrivée, le dimanche matin, 9 septembre, il voulut célébrer la sainte messe chez les Franciscains, où la caravane recevait l'hospitalité. Mais, à peine l'eut-il terminée, qu'il demanda à se mettre au lit. L'aide d'un de ses compagnons ne lui fut pas inutile pour se déshabiller! Il ne se leva dans la soirée que pour être conduit à l'hôpital des Sœurs de Saint-Joseph de l'Apparition.

Les soins intelligents et empressés des bonnes religieuses lui rendirent un peu de force et un mieux relatif qui parut être la guérison. Il aurait fallu s'arrêter là ou même reprendre le chemin de France! Mais, qui pouvait prévoir une catastrophe, et qui aurait pu faire accepter un pareil sacrifice à M. Petit? Il est si content d'être en Terre-Sainte, que les fatigues qu'il a éprouvées ne comptent pas; et, si dans la lettre qu'il écrit à sa sœur, il veut bien mentionner son mal, on voit bien qu'il n'y attache pas grande importance. Il craint seulement que sa sœur ne soit effrayée de le savoir à l'hôpital, aussi lui annonce-t-il cette nouvelle avec ménagements.

« Me voici, ma chère et bonne sœur, en Terre-Sainte, depuis dimanche matin, 9 de ce mois. Comme je vous l'ai écrit du Caire, notre voyage s'est heureusement effectué. La chaleur, en Egypte, a été accablante et les trois jours passés sur cette terre et à travers les sables brûlants de ces déserts, nous ont un peu fatigués, et c'est avec bonheur que nous avons quitté le paquebot pour aborder à Jaffa. J'ai trouvé tous les souvenirs de saint Louis. Jaffa, l'ancienne Joppé, a été fortifiée par lui. J'habite présentement une charmante maison baignée par les flots de la mer et qui se trouve sur l'emplacement même d'un bastion construit par votre saint patron. »

« Quelle est cette habitation? Le voici : Presque tous mes compagnons de pèlerinage ont été plus ou moins fatigués de nos courses en Egypte; moi, tout d'abord, moins que les autres, et puis, en débarquant ici, un peu plus que les autres. Or, j'ai trouvé ici un hôpital ravissant, dirigé par des Sœurs françaises, et tout récemment construit par un riche propriétaire chrétien de Lyon. Ce Monsieur, qui vit encore et qui a nom G., a fait comme nous et plus que nous. Il est arrivé à Jaffa plus que fatigué. Les Pères Franciscains l'ont fort bien accueilli, selon leur habitude, et l'ont soigné du mieux qu'ils ont pu. Il fit vœu, s'il guérissait, de bâtir un hôpital et de le doter en faveur des pèlerins qui arriveraient fatigués à Jaffa. Il a guéri et a bâti son hôpital. Les Sœurs y sont; un prêtre de Lyon en est le directeur, et vous me verriez présentement installé dans une lumineuse chambre fraîchement décorée, donnant sur la vaste mer et recevant toutes les douceurs des brises du matin et du soir. Me voici tout à fait, après trois jours de repos, remis de ma fatigue. Mes compagnons sont à Jérusalem. Je puis y être du soir au lendemain; mais comme je me propose de prolonger mon séjour en Terre-Sainte jusqu'à Pâques, je veux prendre mon temps, laisser tomber cette chaleur étouffante qu'il fait ici, quoique un peu moins forte qu'en Egypte, et faire ensuite mes visites et mes séjours aux diverses stations. »

« J'ai grande envie de rester ici encore une huitaine de jours. D'ailleurs, j'ai des excursions intéressantes à faire aux environs... Enfin, en me rendant à Jérusalem, je m'arrêterai au véritable Emmaüs, où je trouverai un ancien capitaine, camarade de Boulanger, qui est devenu prêtre et vit à Emmaüs en solitaire. Il donne joyeusement l'hospitalité, c'est-à-dire un abri pour la nuit, et partage non moins joyeusement avec ses hôtes les vivres que ceux-ci ont soin d'apporter avec eux s'ils ne veulent pas mourir de faim chez ledit ermite qui, lui, s'est habitué à ne vivre que d'herbes et d'oignons. On me promet beaucoup de plaisir de cette visite au solitaire ; je vous en dirai un mot plus tard!... »

« Je vous assure que je suis tout content de la pensée de pouvoir passer l'hiver ici, sans autre occupation et préoccupation que celle d'être tout entier aux principaux mystères de notre cher Sauveur.

« Ma santé, malgré toute ma fatigue qui m'a conseillé de me reposer ici, est au fond excellente. Je n'ai eu ni fièvre, ni colique, ni mal de tête. L'estomac seul était fermé et refusait toute nourriture. Mais cela n'est que le résultat des courses chaudes. Avec une purgation, on force le dit estomac à reprendre ses fonctions, et pour moi c'est fait; et dès ce matin j'ai repris toutes mes habitudes de vie active et je me sens dans les meilleures dispositions. »

Notre voyageur parlait de se reposer une huitaine à Jaffa; mais il ne s'y reposa point, comme on le verra par l'extrait de la lettre suivante, adressée à M. Poudroux. Elle est datée du 13 septembre.

« Je suis installé chez les Sœurs de Saint-Joseph de l'Apparition, où les meilleurs soins m'ont été donnés. Me voici sur pied et disposé à reprendre la route de Jérusalem pour y rejoindre les miens. Je profite néanmoins de mon séjour ici. Jaffa est l'ancienne Joppé. C'est ici que le brave Jonas voulait échapper aux ordres du Seigneur et que la sainte Famille a passé à son retour d'exil; ici que saint Pierre a ressuscité Tabitha et eut la vision qui a suivi le baptême de Corneille. Hier, vous m'auriez vu, en compagnie de l'aumônier de la maison, parcourir à cheval la fameuse plaine de Saron, ci-devant possédée par les Philistins et où les renards de Samson ont fait des leurs. Nous avions devant nous les collines d'Ephraïm. Tout cela est merveilleux et me jette dans un monde tout nouveau. Cette terre, du moins aux environs de Jaffa, est loin d'être aride. Elle se couvre, chaque année, de superbes moissons et porte, quoiqu'à la fin de l'année, des marques d'une étonnante fécondité. Mais les âmes, comme elles sont stériles! »

« Vous voyez que je ne suis pas encore trop malade puisque déjà je puis parcourir à cheval les campagnes environnantes. Je le fais pour essayer mes forces qui ont perdu de leur énergie, pour ce motif que j'ai laissé, depuis plusieurs jours, l'habitude de manger. L'appétit semble revenir et on me promet complète guérison dans quelques jours. Les chaleurs sont excessives, et si elles ne m'abattent pas tout à fait, vous voyez déjà qu'il faudra plus d'un hiver pour reprendre les habitudes de la vie ordinaire. Donc, cher ami, faites dès maintenant comme si je ne devais plus revenir. Je me propose, dans une quinzaine, d'écrire un mot à ce sujet à Sa Grandeur. Il ne faut pas que rien souffre à mon occasion. A chaque chose son temps. Le bon Dieu me fait bien des grâces. Voici plusieurs jours que je reste seul, ou à peu près, dans une chambre presque toujours fermée. Je ne m'ennuie pas du tout. Je repasse ce que j'ai vu au Caire et je pense aux mystères que va me rappeler Jérusalem. Et quand je porte ma pensée vers l'Occident, c'est Monseigneur et vous que je trouve tout de suite. Que le bon Dieu vous comble de ses bénédictions. Tendrement à vous en Notre-Seigneur.

« E. PETIT. »

On voit, par les lettres que nous avons citées, quelles eussent été pour son esprit et son cœur les joies du pèlerinage en Terre-Sainte, d'un séjour prolongé en Orient. Sa foi ardente, sa vive imagination, sa tendre et naïve piété, eussent fait revivre les scènes de la Bible et de l'Évangile. Les souvenirs de l'histoire profane n'eussent pas été dédaignés, et la beauté des paysages orientaux n'eût pas échappé à son regard. Quelles impressions n'eût-il pas rapportées, et quel charme, quelle édification c'eût été pour ses amis et ses chères communautés d'entendre ses longs et pieux récits.

Ce qu'il dit de Jaffa témoigne, une fois de plus, que cette ville est comme un gracieux frontispice à placer en tête d'un voyage en Terre-Sainte. Ses impressions nous ont rappelé quelques lignes de l'abbé Fouard, dans son histoire si vivante de saint Pierre. Il parle de la maison qu'habita le prince des Apôtres, laquelle avait vue sur la mer. « La mosquée qui l'occupe aujourd'hui, dit-il, ne rappelle ni le temps ni le séjour de Pierre; mais de la terrasse où l'apôtre monta pour prier, le regard embrasse tout ce qu'il vit alors, la mer plus bleue que le ciel, les flots écumant sur les récifs, la colline couverte de blanches villas et baignant son pied dans les eaux. Fièrement assise sur cette plage de toutes parts embaumée de fleurs et de parfums, Jaffa apparaît telle que le promet son nom hébreux, Yapho, un observatoire de joie (1). »

Dans sa lettre à sa sœur, M. Petit exprimait la certitude de sa guérison complète, mais

(1) *Saint Pierre*, par l'abbé Fouard, page 175.

c'était une illusion, comme son désir de rester huit jours à Jaffa n'était qu'une velléité. Le 14 septembre, jour de l'Exaltation de la sainte Croix, il se remet en route et s'arrête, comme il l'avait écrit à sa sœur, chez l'Ermite d'Emmaüs.

Le 15, il rejoint ses compagnons de caravane au couvent des Franciscains de Casa-Nova, à Jérusalem.

Ce fut une grande joie de se revoir. Il avait retrouvé toute sa bonne humeur. C'était plaisir de l'entendre raconter son voyage, sa visite à l'ermite d'El-Latroun (Emmaüs), et l'excellent repas d'oignons qu'ils avaient fait ensemble. « Jamais je ne me serais imaginé, disait-il, que les oignons fussent si bons. Il est vrai que c'était presque des oignons d'Égypte. »

A la même table hospitalière de Casa-Nova se trouvait un prêtre, revêtu d'une prélature pontificale, Irlandais ou plutôt Américain. Celui-ci, à un moment, se mit à parler, en paraissant la désapprouver, d'une mesure prise par l'Archevêque de Paris. M. Petit prit vivement la parole pour soutenir son supérieur, ajoutant « qu'il se félicitait, devant Dieu, d'avoir eu sa part dans la décision de son Archevêque. » La conversation changea de sujet, et le même convive vint à comparer nos illustrations militaires à celles d'Amérique, déclarant que nos hommes de guerre n'étaient que des pygmées à côté de ceux des États-Unis. Émise à Paris, cette proposition eût laissé M. Petit froid et calme ; loin de son pays, il en fut ému, protesta, et fit acte d'ardent patriotisme, avec trop de vivacité peut-être. « Il le fit, disent ses compagnons, et il fit bien. » Ce fut la dernière bonne journée de M. Petit en Terre-Sainte.

XVI

Dans la nuit du 15 au 16 septembre, il est repris de la fièvre et d'une violente dyssenterie. « J'ai pu, dimanche, écrivait-il trois jours après à Mgr l'Archevêque, assister à une partie de la messe et, appuyé sur un bras charitable, aller prier au Saint-Sépulcre et au Calvaire. C'est la grande consolation de mon voyage. Depuis lors, la maladie ne me laisse aucun repos. Qu'en sera-t-il? Ce qui plaira au bon Dieu et il me suffit. »

Ce fut ce jour-là qu'il se fit transporter à l'hôpital français, où il devait retrouver les Sœurs de Saint-Joseph de l'Apparition, compagnes de celles qui l'avaient guéri à Jaffa. Mais cette maladie ne pardonne guère en ces climats. Un Père franciscain, en apprenant de quelle maladie était atteint le pieux pèlerin, écrivit à M. l'abbé Fernique, vicaire à Saint-Nicolas des Champs : « On dit qu'il est arrivé à Jérusalem un vicaire général de Paris avec le désir d'y mourir. Si cela est, on peut regarder son désir comme réalisé ; son mal ne pardonne pas. »

Dès l'entrée de M. Petit à l'hôpital, le docteur de Friès constata un malaise dont les caractères inspirèrent les plus vives inquiétudes, sans ôter cependant, dès les premiers jours, tout espoir de guérison. A peine installé, M. Petit désira se confesser et s'adressa à un chanoine français, M. Lentillon, fixé depuis plusieurs années chez les Pères dominicains de Saint-Etienne, et aumônier de la communauté des Sœurs de Saint-Joseph. Après s'être confessé, il reçut le saint Viatique.

Pendant quinze jours ce furent des alternatives de mieux et d'aggravation du mal. Le consul de Jérusalem, les prêtres de la ville, les Frères, les religieuses venaient, comme les membres de la caravane, prendre des nouvelles du malade. M. le Curé d'Auteuil y allait deux fois par jour, mais la grande faiblesse amenée par une hémorrhagie persistante, suite d'une dyssenterie intense, ne lui permettait pas de toujours recevoir.

Le 24 septembre, les pèlerins allèrent prendre congé de lui. Il les reçut avec son affabilité ordinaire. Les médecins eux-mêmes étaient d'avis que la caravane pouvait s'éloigner. Son départ, loin d'attrister le malade, devait, au contraire, relever son moral en lui persuadant que ses compagnons ne le quittaient que parce qu'ils avaient la certitude de sa prochaine convalescence. Une dépêche, reçue quatre jours après, à Nazareth, les confirma dans cet espoir. Ce furent les dernières nouvelles qu'ils reçurent de lui jusqu'aux 16 et 18 octobre, où ils connurent le triste événement par Mgr Paul Debs (1), supé-

(1) M. Paul Debs, frère de l'Archevêque maronite de Beyrouth, et prélat de la Maison de Sa Sainteté, a longtemps habité Paris, au Petit-Séminaire de Notre-Dame des

rieur du collège maronite de la Sagesse, et ancien chapelain du couvent de l'Intérieur de Marie de Montrouge. « Nous pensions, écrit le P. Bouet, nous, témoins si peu de temps d'une vie si sainte, que nous avions un intercesseur au ciel. »

Mais revenons à notre cher malade. Le 3 et 4 octobre, il se crut et on le crut en convalescence. Il écrivit, dans ce sens, à Mgr l'Archevêque, et saisit l'occasion pour le prier d'accepter sa démission, d'autant qu'il lui faudrait des mois et des mois pour se remettre. Il

Champs. Il remplit, pendant quelques années, les fonctions de chapelain au couvent de Montrouge et fut par là en fréquentes relations avec M. Petit qu'il aimait et vénérait comme un père. A la première nouvelle de sa maladie grave, ne pouvant partir lui-même, à cause de la rentrée de son collège, il a envoyé un de ses professeurs, l'abbé Mobarak, ancien élève de Saint-Sulpice, avec les ressources nécessaires pour faire faire une consultation de médecins et pour amener le malade au Liban, dès qu'il pourrait supporter le voyage. Le messager n'arriva que pour assister aux funérailles. Mais l'Archevêché de Paris et les amis de M. Petit n'en sont pas moins reconnaissants à M. Debs, qui s'est montré ami fidèle et empressé, et le plus « Français » des Maronites. »

écrivit aussi ce jour-là à sa sœur. L'écriture de ce billet est bien altérée ; et, à ce seul signe, on peut deviner quel ravage le mal avait fait sur cet organisme surmené.

Jérusalem, hôpital français, 3 octobre 1888.

« Ma bonne sœur,

« Quelle secousse ! Enfin, il paraît que je suis tout à fait en bonne voie de guérison.

« Les soins que je reçois ici sont inouïs : quatre Sœurs sont sur les dents pour moi.

« Mais maintenant, prenons courage. Le bon Dieu ne m'a pas abandonné, il m'a aidé à souffrir. J'ai besoin qu'on prie encore pour moi. — Je vous embrasse.

« E. Petit. »

Ce sont les dernières lignes que la sœur ait lues de son frère. Le télégraphe lui avait déjà appris, quand elle les a reçues, que celui qui les avait tracées était depuis plusieurs jours devant Dieu.

A la suite du billet qu'il vient d'écrire, la

sœur Joséphine, qui garde M. Petit, ajoute trois pages où la crainte domine l'espérance.

« Je n'ai pas permis à M. le grand vicaire, votre si bon et si vénéré frère, de vous écrire longuement de crainte que cela ne le fatigue. Après de pareilles secousses, la prudence est plus que nécessaire.

« En revenant du Caire où votre frère a pris les germes d'une fièvre maligne et d'une très forte dyssenterie qui l'ont réduit à la dernière extrémité, il nous est arrivé à l'hôpital dans un état lamentable... Je suis une des Sœurs infirmières de l'hôpital, je l'ai donc suivi depuis son entrée jusqu'aujourd'hui. Nous avons bien cru le perdre; mais, enfin, je crois que les prières de nos chères petites orphelines et de toute la communauté fléchiront le Ciel, et que nous obtiendront sa guérison.

« Priez encore beaucoup, car, quoique le docteur le dise hors de danger, cependant, j'ai une grande expérience des malades, et je crois qu'il faut bien prier encore !

14.

« Nous sommes heureuses de penser que nous vous remplaçons près du cher malade, car nous le considérons comme de la famille, et lui aussi nous regarde comme ses sœurs. »

L'expérience de la bonne religieuse avait raison contre le pronostic favorable du docteur.

Et maintenant nous n'avons plus qu'à transcrire, en supprimant quelques redites, les récits que la *Semaine religieuse* de Paris a publiés le 29 octobre et le 3 novembre 1888, sur les derniers moments de M. Petit. Ils sont dus à une religieuse de l'hôpital Saint-Joseph et à un enfant de Saint-Dominique, le P. Dubourg, ancien élève du petit séminaire de Notre-Dame des Champs. Tout le clergé de Paris et toutes les âmes chrétiennes de France ont lu ces pages avec une émotion infinie. Par elles, Dieu a glorifié dès ici-bas son serviteur! M. Petit aspirait à finir sa vie, obscur et paisible, dans la prière et la charité, et voilà que la divine Providence le conduit, par une résolution subite, au lieu le plus illustre de l'univers, près du tombeau du Christ! Là une maladie violente, extraordinaire, dont un symptôme rappelle l'agonie du Sauveur, l'éprouve cruellement, le transfigure en quelque sorte et le fait passer, par un doux sommeil, de la Jérusalem de la terre à celle du Ciel! Nous citons :

« Le dimanche 7 octobre, fête du très Saint-Rosaire, vers midi, dit le P. Dubourg, la première crise commença. L'aumônier est mandé en toute hâte : il administre au malade le sacrement de l'Extrême-Onction, puis de nouveau le saint Viatique, et, à partir de ce moment jusqu'à sa mort, ne le quitte plus. La sœur Joséphine, si connue de tous les pèlerins, reste aussi constamment près de lui. Jusqu'à cette première crise, le malade avait conservé l'espoir de la guérison; mais, à ce moment, il comprit que l'heure était venue de faire le sacrifice de sa vie. Il dit alors et il a répété plusieurs fois dans les jours qui ont suivi : « Je fais le sacrifice de ma vie pour l'Église, pour la France, mon Archevêque et les communautés religieuses dont je suis le supérieur (1). »

« 8 *octobre.* — Immédiatement après la cérémonie, dit à son tour la bonne religieuse, il a fait demander notre Mère : « Je suis heureux! « murmure-t-il. Que Dieu est bon! Mourir à « l'hôpital, dans *Jérusalem*, c'est une grande « grâce! » Il étendait ses deux bras et ajou- « tait : Mon Dieu, je n'ai aucun *vouloir*... « votre volonté seule! vous êtes trop bon! »

« Comme notre Mère lui demandait s'il avait quelque préoccupation d'affaires qu'elle pourrait arranger : « Non, absolument rien. M. Pou- « droux trouvera tout en ordre, je n'ai rien qui « m'occupe en ce moment. »

« Il a eu une très grande joie d'un télégramme envoyé par Sa Gr. Mgr Richard; lui-même a dicté la réponse, mais avec un peu de tristesse, en pensant qu'il fallait quarante-huit heures pour recevoir la bénédiction de son Archevêque, qu'il vénère comme un saint.

(1) *Semaine* du 3 novembre 1888.

« Notre mère lui a promis de revenir le lendemain, ce dont il s'est montré ému et reconnaissant; avant de la laisser partir, il l'a bénite pour la congrégation. Alors, elle lui a demandé aussi une bénédiction qu'elle transmettrait à toute sa famille, et spécialement à sa sœur.

« Quand on veut lui faire plaisir, on parle de Sa Gr. Mgr Richard, de l'Archevêché, et surtout de Notre-Dame; mais on n'ose le faire souvent, car cela lui cause de trop fortes émotions. Toutefois le sentiment qui domine son âme est la paix et la reconnaissance pour Dieu.

« *9 octobre.* — M. l'abbé Petit est encore de ce monde, mais il continue à beaucoup souffrir. Il a reçu avec un extrême bonheur la bénédiction de Sa Gr. Mgr l'Archevêque. Cela a été un rayon du Ciel pour toute la journée. Chose incroyable! Habituellement, il faut quarante-huit heures pour l'arrivée de la réponse d'un télégramme envoyé à Paris, et cette fois vingt-quatre heures ont suffi.

« Sa maladie est une des plus rares dont

j'aie entendu parler. Il peut bien s'unir à l'agonie de Notre-Seigneur, car le sang s'échappe sans interruption par tout son être : le dessous des ongles en laisse couler une quantité. Jugez, ma Mère, quelle souffrance. Il est d'une douceur, d'une bonté, d'une piété, au-dessus de toute description. Ce doit être un bien grand ami de Dieu; car tant de vertu et une telle maladie, à Jérusalem, c'est un comble de grâce.

« On va le voir : il reçoit Dominicains, Franciscains, Pères Blancs, avec une égale cordialité; mais c'est nous qu'il veut auprès de lui; notre Mère est bien digne d'une telle confiance; elle a, seule, le privilège de ne jamais le fatiguer. Sion est sa famille.

« Hier soir, à 6 heures, il n'avait rien pris de la journée : on lui apporta un peu de vin de Champagne avec une eau gazeuse. Il eut encore la force de boire seul; et, comme il semblait un peu soulagé, notre Mère lui demanda affectueusement pourquoi, depuis le matin, il avait tout refusé : « Je trouve que

« dans l'état où j'en suis, cela ne vaut plus la « peine », lui fut-il répondu. Mortification pure et simple, car il se mit à sourire. Puis il eut comme un remords d'avoir bu; je crois qu'il pensait au fiel et au vinaigre; mais notre Mère lui dit de s'abandonner à Dieu en cela comme en tout le reste. Ce serait pitié de ne pas le soulager le plus possible.

« Sœur Marie-Lucia est bien privilégiée; c'est elle qui accompagne notre Mère pour assister à cette belle et sainte mort. Le pieux malade a dit, hier au soir : « Comme ma vie « est encore forte! Tant de sang répandu, et « je suis encore en pleine possession de moi- « même; mais je m'affaiblis... puis viendront « les ténèbres, et puis après... — Après, répon- « dit notre Mère, toutes les splendeurs d'une « incomparable lumière; là, vous vous sou- « viendrez de tous ceux que vous avez aimés. « — Oh! oui, il y en a déjà trois qui m'atten- « dent et que j'ai bien aimés... J'attendrai les « autres. »

« Si ce n'est pas un saint qui vient mourir

ici, je m'y perds. Il a tous les caractères des grands amis de Dieu, à commencer par la piété et la plus aimable simplicité.

« 11 *octobre.* — Encore quelques détails avant de terminer ma lettre. Dans la nuit du 8 au 9, vers 2 heures du matin, une forte crise a failli emporter M. Petit; depuis ce moment jusqu'à 2 heures de l'après-midi, il n'a plus dit une parole; alors seulement, la garde-malade a murmuré à son oreille : « Sion est là »; alors il a fait un effort pour voir notre Mère et a dit très bas : « Eh! bien, je suis encore là! Il ne « vient pas... Jésus ne vient pas. » Notre Mère lui a répondu par une bonne parole et il a continué : « Oh! je suis très heureux.., grande « grâce... Que Dieu est bon! Merci. »

« Toute cette dernière visite a été empreinte de paix et de bonheur comme les précédentes, mais surtout d'humilité. Sa garde ayant dit : « Ici on vient à l'école de la patience »; il a tourné la tête, étendu le bras, comme pour le : « Retire-toi, Satan », et l'a regardée d'un regard sévère. Notre Mère a compris et a

ajouté : « Vous souffrez humblement et affec-
« tueusement avec Notre-Seigneur ; vous êtes
« à son école. — C'est cela ; non pas à la
« gloire ; uniquement à votre nom. »

« Pensant à ses funérailles, il a dit au chanoine : « Quand on me conduira là-bas... vous savez... faites-le seul avec votre enfant de « chœur. » Notre Mère a répliqué : « Ce qui « convient à l'humilité de M. le vicaire général « ne convient pas au membre du Chapitre de « Paris ; nous ferons ce que nous penserons « être les intentions de Mgr l'Archevêque de « Paris. » Alors il n'a plus rien dit, sinon quelques paroles de loin en loin : « Que nous « sommes peu de chose ! Comme la terre est « misérable et futile !... Je suis tout près du « ciel ! »

« Quand notre Mère l'a quitté, la sueur de sang était arrêtée, et même l'hémorrhagie. La garde ayant dit : « Comme Jésus, vous donnez « votre sang », il a repris avec force : « Oh ! « le mien... Quelle proportion y a-t-il ? Qu'est-« ce qu'il vaut ? Que je le donne, la belle af-

« faire! — Mais vous êtes heureux quand « même de pouvoir l'unir à celui de Notre-« Seigneur pour les causes qui vous sont « chères? lui dit la Mère Éléonore. — Oh! « cela, oui. »

Ici s'arrête le récit de la bonne Sœur. On sent, en le lisant, qu'elle admire et vénère le malade. Tous les amis de M. Petit lui sauront gré d'avoir décrit ses derniers moments. Elle fut diocésaine de Paris, et elle montre qu'elle ne l'oublie pas. « Le sujet qui m'a absorbée, dit-elle en terminant sa lettre, vient de réveiller tous mes souvenirs du passé, et je sens que j'appartiens encore par le cœur à ce cher diocèse de Paris, qui donne de tels prêtres à la sainte Église. » Qu'elle, ses compagnes et la communauté tout entière soient remerciées!

Cédons maintenant la parole au R. P. Dubourg, lui aussi, du diocèse de Paris.

« A partir du lundi soir, 8 octobre, les souffrances augmentent; le malade n'en conserve pas moins un calme admirable, demandant mille pardons des soins qu'il était obligé de recevoir de la Sœur qui le soignait. Sauf deux ou trois heures d'un délire très doux, il n'a pas perdu un seul instant le plein usage de ses facultés, réglant avec la plus grande précision et dans les plus petits détails ses affaires personnelles et celles dont il était chargé. Il lègue ses habits et tout ce qu'il a apporté de France aux pauvres malades de l'hôpital, et exprime avec instance le désir d'être enterré, si cela se peut, dans une maison française.

« Peu à peu, les crises se succèdent en augmentant de violence; le malade continue de prier. Chaque fois qu'une nouvelle personne entre dans sa chambre, il demande qu'on récite le Rosaire; vingt fois, peut-être, il a fait recommencer les prières de la recommandation de l'âme; puis, sur son désir, la Sœur qui le veillait lui lisait de temps en temps quelques passages de *la Pratique de l'amour de Jésus-Christ et de la Passion*, et il interrompait la lecture pour renouveler son sacrifice.

« Le moment suprême approche. Nous sommes dans l'après-midi du mercredi 10 octobre, Le malade demande à l'aumônier si ce sera pour aujourd'hui. Celui-ci répond d'une manière évasive : « Humainement parlant, je « vous commande de me dire si c'est pour « aujourd'hui. — Non, il n'est pas probable, « dit l'aumônier, que ce soit pour cette jour« née; mais ce sera pour la nuit. — Je vous « remercie, répondit-il, je suis content de « mourir. »

« Au rideau de son lit était suspendu un crucifix. Souvent il lève les mains vers lui. « Je vous offre, ô mon Dieu, mes souffrances : « j'ai eu au moins la consolation de baiser le « Calvaire et le Saint-Sépulcre; je meurs « content. »

« Et à un jeune Maronite, domestique de l'hôpital, qui aidait la Sœur, il montrait le même crucifix et lui disait : « Tout ce que tu « fais pour moi, tu le fais pour le Christ, il « sera ta récompense. »

« Se sentant plus près de la fin, il formule

avec précision toutes ses intentions, fait la part des récompenses qu'il doit à chacun sans oublier personne. « J'ai tâché, pendant « toute ma vie, dit-il, de faire plaisir à tout le « monde ; je veux le faire jusqu'à ma mort. »

« A onze heures du soir, une crise violente se déclare. Le malade demande si le dernier moment est venu. On lui répond que non, qu'il a encore quelques heures. Vers une heure, une seconde crise survient ; puis, à trois heures, la dernière. Dès qu'elle commence, il désire apprendre s'il mourra pendant cette crise. Sur une réponse à peu près affirmative de l'aumônier : « Tant mieux, dit« il, je suis content de mourir. »

« Enfin, à trois heures et demie, la tête appuyée sur une main, l'autre dans celle de l'aumônier, il rend le dernier soupir, sans secousse, sans effort, ayant conservé sa connaissance presque jusqu'à la dernière minute. »

C'était le 11 octobre, le jour où Mgr Richard, entouré de Mgr d'Hulst, de MM. Caron, Millault et autres prêtres, dont plusieurs amis de M. Petit, assistait à la glorieuse inauguration du tombeau de Mgr Dupanloup. On était sans nouvelles de Jérusalem et on aurait voulu interpréter ce silence d'une manière favorable. Le samedi 13, le doute ne fut plus possible. C'était la Saint-Edouard, la fête du cher défunt que quelques amis célébraient chaque année avec lui. Au lieu des vœux et des fleurs, on eut pour lui, ce jour-là, des prières et des larmes, dans une tristesse profonde. « Dans deux mois, avait-il écrit à « un ami en partant, vous saurez si je reviens « de Jérusalem. » Il n'y avait que quarante-deux jours qu'il s'était embarqué à Marseille, et l'ami était fixé, il savait qu'il ne reverrait plus son ami sur la terre!!!

Le P. Dubourg continue :

« Aussitôt on lui rendit les derniers devoirs. Le corps, revêtu des ornements sacerdotaux, fut exposé pendant quelques heures dans la chapelle de l'hôpital, puis mis en bière, en présence de plusieurs ecclésiastiques français et des religieuses. Sur le cercueil, on déposa une couronne de roses blanches et les insignes de chanoine.

« Le lendemain eurent lieu les obsèques. L'endroit choisi pour la sépulture fut la chapelle des Morts du couvent des Dominicains de Saint-Etienne, en dehors de la ville, à quelques pas du lieu où saint Etienne a été lapidé. M. Petit avait exprimé le désir d'être inhumé en terre française : son désir allait être réalisé.

« Un peu avant huit heures, le T. R. P. Custodial fit la levée du corps et le cortège se mit en marche pour se rendre à l'église Saint-Sauveur. Les RR. PP. Franciscains ne négligèrent rien pour donner le plus grand éclat aux funérailles, honorant, dans la personne de M. Petit, sa qualité de vicaire général et le clergé de Paris. Son Excellence Mgr Bracco, patriarche de Jérusalem, prit place au chœur, entouré d'un nombreux clergé, et, à l'issue de la messe, voulut faire lui-même l'absoute.

« Puis, le cortège se reforma pour se rendre

à Saint-Étienne, en passant à travers la ville, et en suivant pendant quelques minutes la Voie douloureuse : fait presque inouï et qui amena de toutes parts un grand concours de peuple, étonné d'un pareil spectacle, mais gardant une attitude pleine de respect. En tête marchaient les *Cawas* du Consulat de France, du Patriarcat et de la Custodie; puis, sur deux rangs, les élèves et les orphelines des Sœurs de Saint-Joseph de l'Apparition et de Notre-Dame de Sion, les enfants de l'établissement du P. Ratisbonne, les élèves et le petit noviciat des Frères de la doctrine chrétienne, le petit et grand séminaire grec catholique, sous la conduite des Pères missionnaires d'Alger, enfin le clergé. Tous les prêtres catholiques de Jérusalem étaient présents : d'abord ceux du Patriarcat latin, les Pères Franciscains en grand nombre, les Pères Augustins de l'Assomption, les Pères d'Alger et ceux de Sion, des prêtres grecs, arméniens, maronites, abyssins-unis; puis, derrière le cercueil, le consul général de France conduisait le deuil au nom de la famille et comme le protecteur et le père de la colonie française; avec lui le personnel du Consulat (1).

« M. le consul d'Italie, un délégué du consul d'Autriche, les Sœurs allemandes de Saint-Charles, et un grand nombre de catholiques, membres des diverses confréries de la ville.

« Vers dix heures, on arrivait à Saint-Étienne. Le corps de M. Petit fut déposé dans un des tombeaux antiques, creusés dans le roc, que nous avons découverts il y a environ trois ans. Il est près d'un autel dédié au premier diacre et martyr, à côté de M. Lenglet, ancien consul de France à Jérusalem, et à quelques pas de la tombe du R. P. Mathurin Lecomte, premier supérieur de la maison. C'est là qu'il restera confié à notre garde et assisté de nos prières. »

Ces funérailles ont été un événement considérable à Jérusalem. « Elles ont donné lieu,

(1) C'est au nom du consul général que furent rédigées les lettres d'invitation aux funérailles. Le consul voulut lui-même annoncer la triste nouvelle à la sœur de M. Petit. Nous publions sa lettre.

écrit un des témoins, à une magnifique démonstration religieuse et française. La croix a pu traverser des rues musulmanes des plus fanatiques où, depuis six siècles, le signe auguste de notre rédemption était banni ou ne s'était point montré. Musulmans et Juifs ont été étonnés de cette audace toute française, mais tous ont été pleins de calme, de dignité et de respect. »

M. Petit avait reçu les derniers honneurs à Jérusalem qu'on ignorait encore sa mort à Paris ! Dès qu'il la connut, Mgr Richard se hâta de l'annoncer à son clergé par une lettre qui restera, comme on l'a si bien dit, la plus belle oraison funèbre de M. Petit. Nous lui avons déjà fait des emprunts, et nous voulons la reproduire tout entière comme un titre de noblesse. Après avoir rappelé dans quelles circonstances M. Petit avait demandé à faire le pèlerinage de Jérusalem et donné quelques détails sur les débuts du voyage, Monseigneur dit quelles furent ses vertus et ses aptitudes, et quels services il rendit pendant vingt-sept ans au diocèse et aux différentes œuvres diocésaines, et termine en rappelant son dévouement aux archevêques qu'il a servis. Ce dévouement filial, dont Mgr Morlot eut les prémices, alla jusqu'à l'héroïsme, quand il suivit Mgr Darboy en prison. « Nous savons tous, ajoute en terminant Mgr l'Archevêque, de quelle filiale tendresse il entoura notre bon et vénéré cardinal qui, de son côté, se reposait avec confiance sur le cœur de son vicaire général. Je m'y reposais à mon tour depuis deux ans, et je me plaisais à penser que Dieu l'aurait conservé près de moi jusqu'au jour de ma mort, pour m'aider dans les travaux de ces dernières années de ma vie. Était-ce le secret pressentiment de la séparation que la mort allait accomplir? Je ne pus l'embrasser et le bénir au moment du départ sans verser des larmes. Aujourd'hui, j'adore la sainte volonté de Dieu qui m'a demandé ce sacrifice, et je sollicite ceux qui m'entourent de joindre leurs prières aux miennes pour cette âme qui nous est chère à tous. »

Cet appel à la prière fut entendu.

« Le service solennel annoncé dans la lettre de Mgr l'Archevêque, dit *la Semaine religieuse*, a eu lieu le vendredi 19 octobre. Un grand nombre de prêtres du diocèse avait tenu, dans cette douloureuse circonstance, à rendre témoignage de sa sympathie pour le prêtre pieux, zélé, qui avait, pendant de longues années, aidé les archevêques de Paris à gouverner le diocèse.

« Dans le chœur avaient pris place tout le chapitre métropolitain, les chanoines honoraires, et plus de soixante curés de Paris. NN. SS. Foulon, archevêque de Lyon; Lamarche, évêque de Quimper; de Forges, évêque de Ténarie; et Mgr d'Hulst, recteur de l'Institut catholique. Des députations de vieillards secourus par les Petites-Sœurs des pauvres et des communautés dont M. Petit était le supérieur, ainsi que de nombreux fidèles, occupaient la nef. Le petit séminaire Saint-Nicolas était présent tout entier; celui de Notre-Dame des Champs, dont les enfants étaient en pleine retraite, était représenté par la presque totalité de ses maîtres; tous les prêtres valides de Marie-Thérèse, supérieur en tête, étaient là. Nous avons également remarqué la plupart des chefs des administrations civiles avec lesquels M. l'abbé Petit était, par sa situation, en rapports fréquents, et qui ont gardé de sa science des affaires et de l'affabilité de son caractère, le meilleur souvenir.

« La grand'messe a été chantée par M. le chanoine Reulet. Mgr l'Archevêque, assisté de MM. Caron, archidiacre de Notre-Dame, et M. Pelgé, archidiacre de Saint-Denis, a donné l'absoute. »

Ce compte rendu de la pieuse et solennelle manifestation ne dit pas la désolation des amis de M. Petit et des prêtres si nombreux qui lui doivent de la reconnaissance. On ne tarissait pas sur cette chère mémoire, et la manière extraordinaire dont Dieu avait couronné et glorifié cette vie ajoutait à l'émotion de tous. En voyant cette unanimité dans le regret, la sympathie et la prière, la pensée est venue à plus d'un ami de consacrer cette date du 11 octobre par un service annuel à Notre-Dame : « Les amis du cher et vénéré M. Petit, écrivait un vicaire de Saint-Roch, ceux qui l'aimaient pour son bon cœur, ne pourraient-ils pas fonder à Notre-Dame un Service annuel, le 11 octobre, pour le repos de son âme? Ce serait une façon de lui élever un monument, le plus simple et le meilleur, de leur affection et de leur gratitude. »

Cette pieuse et filiale pensée sera-t-elle réalisée? Ce que nous savons, c'est que toutes les communautés de Paris ont répondu à l'appel de Mgr l'Archevêque; que toutes ont prié pour M. Petit, et qu'un grand nombre ont fait célébrer des Services à son intention (1). Des paroisses ont agi de même,

(1) Ce ne sont pas seulement les paroisses et les communautés religieuses qui ont fait célébrer des services ou dire des messes pour le repos de l'âme de M. Petit. La Confrérie du Saint-Sacrement de Notre-Dame voulut s'associer au deuil général, et sa lettre d'invitation que nous insérons ici, nous apprend que M. Petit contribua

mais entre toutes, s'est distinguée celle de Sainte-Clotilde, où M. Petit a longtemps célébré la messe, et où il se plaisait à visiter Notre-Seigneur.

C'est encore le curé de cette paroisse, M. l'abbé Gardey, qui a en quelque sorte à fonder à la métropole l'admirable procession solennelle des hommes, qui est une si belle et si consolante manifestation de la foi au Dieu de l'Eucharistie, en même temps qu'une protestation contre le respect humain :

ÉGLISE MÉTROPOLITAINE

CONFRÉRIE DU SAINT-SACREMENT

—

« Paris, le 1er novembre 1888.

M

« Le Supérieur et les Associés de la Confrérie du Très Saint-Sacrement de Notre-Dame recommandent à vos prières M. le chanoine Petit, vicaire général, chancelier de l'Archevêché, décédé à Jérusalem.

« La Confrérie veut donner à M. l'abbé Petit un témoignage de sa reconnaissance pour son bienveillant concours à l'époque de la fondation de la Procession solennelle des hommes.

« Une messe sera dite à Notre-Dame pour le repos de son âme, dimanche prochain, 4 novembre, à huit heures et demie précises.

« Vous êtes instamment prié d'y assister.

« Pie Jesu, *dona ei requiem.* »

achevé de consacrer la mémoire du cher défunt dans l'éloge qu'il en a fait, au nom du clergé tout entier, à la réception du 2 janvier (1). Nous terminons cette notice par ces paroles, qui sont comme la réponse et adhésion de tout le clergé de Paris à la lettre si émue par laquelle Monseigneur a épanché sa douleur et payé à son vicaire général un juste tribut de louanges.

« Conduit à Jérusalem par sa piété ou plutôt « par la main même de Dieu, notre Grand « Vicaire y avait trouvé plus et mieux que ce « qu'il espérait, puisqu'il s'y était rencontré « avec la mort, et que la mort lui avait ouvert « les portes de la céleste Jérusalem.

(1) Déjà en présentant les vœux de la famille archiépiscopale à Sa Grandeur, M. Caron, archidiacre de Notre-Dame, avait fait allusion à ce grand deuil de l'année 1888 et rendu justice au mérite de M. Petit : « Le compagnon de votre voyage à Rome, avait-il dit, a voulu pour satisfaire sa piété envers Notre-Seigneur, visiter les Saints-Lieux. Hélas! il n'en est pas revenu! Nous ne pourrons aller prier sur sa tombe. Jérusalem garde sa dépouille mortelle. Vous avez pleuré ce collaborateur, jeune encore, dont l'activité et l'intelligence des affaires pouvaient rendre tant de services au diocèse. »

« Ayant vécu près de trente ans dans cette « maison, serviteur dévoué de quatre Arche- « vêques, ayant partagé leurs soucis, et, de « l'un d'eux, la captivité et presque la mort « tragique, honoré de leur amitié et de leur « confiance ; Prêtre d'une foi simple, presque « naïve ; d'une piété tendre comme celle d'un « enfant, et pourtant, avisé et fort ; aussi sé- « vère à lui-même qu'indulgent aux autres ; « ami fidèle, administrateur remarquable et « d'un désintéressement absolu, toujours égal « à lui-même, tel que nous l'avons connu, « depuis notre enfance commune, j'oserai « dire que M. Petit a mérité la fin qui a cou- « ronné sa vie.

« Il a eu, avant de mourir, le sentiment de « la grâce suprême qui lui était faite ; vous « l'avez rappelé, Monseigneur, dans la lettre « écrite par vous à son sujet, et qui restera « son meilleur éloge. Il est mort heureux et « si heureux de mourir, que ses amis, en « l'apprenant, ont dû s'arrêter de pleurer, « changer leur douleur en action de grâces et

« se réjouir avec lui, que des parvis de la « Jérusalem d'ici-bas, où ses pieds ont reposé « un instant, il ait pu s'élever dans la maison « du Seigneur, dans la véritable Jérusalem : « *Lætatus sum in his quæ dicta sunt mihi : in* « *Domum Domini ibimus. Stantes erant pedes* « *nostri in atriis tuis, Jerusalem.* »

LETTRE DE MGR L'ARCHEVÊQUE DE PARIS

A L'OCCASION DE LA MORT DE M. PETIT

« Paris, le 16 octobre 1888,
« en l'octave de saint Denis.

« Monsieur le Curé,

« Samedi dernier, au moment où nous allions monter au saint autel, un télégramme, parti de Jérusalem le 11 octobre, nous apprenait que M. l'abbé Petit, notre vicaire général, venait de mourir. La triste nouvelle nous parvenait le jour même de la fête de saint Edouard, son patron. Cette fête était changée pour nous en un jour de deuil; nous demandâmes à Notre-Seigneur, en offrant le saint Sacrifice pour le bien-aimé défunt, la consolation que nous trouvons toujours dans l'adorable sacrement de nos autels.

« Les circonstances dans lesquelles M. l'abbé Petit était mort nous rendaient cette consolation particulièrement douce. C'est au pied du Calvaire et près du Saint-Sépulcre qu'il était allé s'endormir dans le Seigneur.

« Vous connaissiez, Monsieur le Curé, sa foi vive et sa piété ardente. Il nous avait exprimé le désir de faire le pèlerinage de la Terre-Sainte. Nous n'avions pas voulu nous opposer à l'accomplissement de son pieux projet. « Visiblement le bon Dieu bénit les « débuts du pèlerinage, nous écrivait-il le « 4 septembre, à bord du paquebot qui arri- « vait à Alexandrie. Nous pouvons chaque « matin dire la sainte messe : c'est ma petite « cabine qui a tous les honneurs. Elle est « transformée en un oratoire, où quelques « passagers viennent pieusement faire leurs « dévotions. » Et pourtant, comme si Dieu lui faisait déjà entrevoir la croix à travers les premières joies du pèlerinage : « Non, ajou- « tait-il, il ne nous arrivera aucun accident, « et s'il se produisait quelque chose d'à peu

« près semblable, je ne l'appellerais pas un « accident, puisque nous avons tout mis entre « les mains du cher Maître. Ce qu'il fera ou « permettra arrivera fort à propos, et d'avance « nous prenons sa divine main pour la baiser « avec un filial et tendre amour. »

« Les frères de M. Petit dans le sacerdoce nous sauront gré de leur avoir communiqué ces paroles où se révèle l'âme pieuse et tendre du voyageur, dont les pensées se dirigeaient déjà vers la Jérusalem du Ciel plus encore que vers celle de la terre.

« La maladie le saisissait trois jours après ; il arrivait à Jérusalem le 15 septembre ; déjà il était gravement atteint. « J'ai pu, dimanche, « assister à une partie de messe, écrivait-il « le 19, et, appuyé sur un bras charitable, « aller prier au Saint-Sépulcre et au Calvaire. « C'est la grande consolation de mon voyage. « Depuis lors, la maladie ne me laisse aucun « repos. Qu'en sera-t-il? Ce qu'il plaira au « bon Dieu, et il me suffit. » Ce mot dit tout.

« M. Petit s'était fait transporter à l'hôpital français, desservi par les Sœurs de Saint-Joseph de l'Apparition. Là, il faisait l'édification de tous ceux qui l'approchaient par sa résignation et le plus complet abandon à la sainte volonté de Dieu. Quinze jours s'écoulèrent dans des alternatives de mieux et d'aggravation qui permirent d'abord de nous annoncer que le cher malade était hors de danger. Nous reçûmes bientôt après des nouvelles plus alarmantes. Le 7 octobre, dimanche du Saint-Rosaire, une dépêche nous apprenait que M. l'abbé Petit venait de recevoir les derniers sacrements avec une pleine confiance en Notre-Seigneur. Il nous faisait ses derniers adieux et demandait notre bénédiction. Nous la lui envoyâmes le jour même avec un cœur douloureusement ému. Nous avions compris que Dieu allait nous demander l'accomplissement du sacrifice.

« C'est au moment où le divin Maître rappelle à Lui ceux avec qui nous avons vécu dans les douces et fortifiantes relations de l'amitié sacerdotale que nous comprenons mieux le prix de cette amitié.

La vie de M. l'abbé Petit a été consacrée tout entière à l'Archevêché de Paris. Le vénérable cardinal Morlot avait discerné ses belles et aimables qualités lorsqu'il n'était que séminariste. Il l'appela près de lui aussitôt après son sacerdoce. Le jeune secrétaire commença en 1861 cette vie de labeur et de dévouement qu'il a menée sans relâche pendant vingt-sept années.

« Il était doué d'une aptitude remarquable pour la conduite des affaires administratives, et son activité ne se ralentissait jamais au milieu des sollicitudes et des relations incessantes de chaque jour. En même temps, il savait unir la piété la plus vive, la charité la plus vraie pour les âmes au travail souvent aride de l'administration. On le vit ainsi consacrer, pendant de longues années, ses heures de loisir et ses journées du dimanche au patronage Saint-Jean. Les enfants et les jeunes ouvriers n'oublieront jamais ce prêtre qui les aimait vraiment en père.

« Les communautés religieuses de Paris, surtout celles dont il fut plus particulièrement chargé, ont pu apprécier la délicatesse de sa piété, la générosité de son dévouement, la sagesse de ses conseils et son expérience des affaires. Nous nous reprocherions de ne pas nommer en particulier la communauté de l'Intérieur de Marie et les trois florissantes maisons des religieuses de Notre-Dame du Roule, des Oiseaux et de l'Abbaye-aux-Bois.

« Les professeurs et les élèves de nos petits séminaires conserveront longtemps la mémoire de sa sollicitude pour leurs établissements.

« Il y a une œuvre qui, dans les dernières années de sa vie, semble avoir été l'objet de sa prédilection : celle des Petites-Sœurs des Pauvres. Il veillait avec une tendre prévoyance à tous leurs besoins ; il faisait bon le voir au milieu des vieillards ; sa charité sacerdotale débordait avec eux. Il les aimait et en était aimé. Aussi avait-il voulu se faire l'aumônier de la maison des Petites-Sœurs de l'avenue de Breteuil. Chaque matin, il y célébrait la sainte messe; il entendait les confessions des vieillards; c'était là son meilleur et son plus doux repos.

« L'une des plus touchantes manifestations de son affection pour ses frères dans le sacerdoce est le soin qu'il prit, jusqu'aux derniers jours, de l'infirmerie de Marie-Thérèse. Il ne se lassait pas de travailler à rendre le séjour de cette maison plus agréable pour les vétérans du sacerdoce, et jamais il n'était plus heureux que quand il avait pu procurer quelque douce satisfaction aux prêtres qui viennent s'y reposer, après avoir épuisé leurs forces dans les labeurs du saint ministère.

« Mais ce que nous nous rappelons surtout en ce moment avec émotion, c'est son dévouement filial pour ses Archevêques. Il en consacra les prémices au vénérable cardinal Morlot, qui l'avait si heureusement attaché à l'administration diocésaine. Ce dévouement alla jusqu'à l'héroïsme quand il suivit Mgr Darboy en prison. Lorsque l'évêque-martyr tomba victime de sa fidélité au devoir, le cher M. Petit était son compagnon de captivité. Le souvenir de ces jours douloureux et glorieux pour l'Église de Paris demeura toujours vivant dans son âme, et la rendit plus détachée de la terre, plus élevée vers le ciel.

« Nous savons tous de quelle filiale tendresse il entoura notre bon et vénéré Cardinal qui, de son côté, se reposait avec confiance sur le cœur de son vicaire général. Je m'y reposais à mon tour depuis deux ans, et je me plaisais à penser que Dieu l'aurait conservé près de moi jusqu'au jour de ma mort pour m'aider dans les travaux de ces dernières années de ma vie. Était-ce le secret pressentiment de la séparation que la mort allait accomplir? Je ne pus l'embrasser et le bénir au moment de son départ sans verser des larmes. Aujourd'hui j'adore la sainte volonté de Dieu qui m'a demandé ce sacrifice, et je sollicite ceux qui m'entourent de joindre leurs prières aux miennes pour cette âme qui nous est chère à tous.

« Le service funèbre de M. l'abbé Petit, chanoine, vicaire général et chancelier de l'Archevêché de Paris, sera célébré dans l'église métropolitaine, vendredi prochain 19 octobre, à dix heures.

« Nous invitons les membres du clergé à y assister, et nous recommandons le cher défunt à leurs prières, particulièrement au saint Sacrifice.

« Nous le recommandons pareillement aux prières des fidèles et des communautés religieuses, et nous les invitons à faire la sainte communion à son intention.

« Veuillez agréer, Monsieur le Curé, l'assurance de notre affectueux dévouement en Notre-Seigneur.

« † François, *archevêque de Paris.* »

APPENDICE

Nous insérons ici quelques lettres datées de Jérusalem, qui complètent les détails que nous avons donnés sur les derniers moments de M. Petit et font une courte description de son tombeau, érigé le 19 janvier 1889.

I

LETTRE DE LA MÈRE MARIE-ÉLÉONORE DE SION, SUPÉRIEURE DU COUVENT DE NOTRE-DAME DE SION, A M. LE CHANOINE POUDROUX.

Notre-Dame de Sion. Jérusalem, 9 octobre 1888.

Monsieur le Chancelier,

La lettre que M. l'abbé Petit m'a priée de vous écrire, en date du 24 septembre dernier, vous donnait, pour votre vénéré malade, quelque espoir, détruit, sans doute, à l'heure présente, par le télégramme envoyé à l'Archevêché, dimanche 7 courant.

Depuis les premières nouvelles, l'état de M. le vicaire général avait subi des alternatives de mieux et de plus mal, que nous suivions avec anxiété, lorsqu'arriva, à Jérusalem, mardi 2 octobre, M. le docteur Guibout, médecin, aussi pieux qu'éminent, attaché à l'un des principaux hôpitaux de Paris. Notre bon docteur français, M. de Friès, redoutant la responsabilité qui s'attachait aux soins qu'il donnait seul à M. le vicaire général, se réjouit, non moins que moi, de l'arrivée de son confrère; et, lors de la première visite que nous fit le docteur Guibout, je lui demandai d'aller voir M. l'abbé Petit. Il se rendit très volontiers à ce désir, son impression ne fut pas défavorable; il nous donna, au contraire, un espoir de guérison que nous ne pouvions plus guère partager, ayant suivi la maladie dès son début. Le mieux, loin de se faire sentir, fit place à une plus grande faiblesse et à des crises inquiétantes; dimanche 7, vers trois heures, le mal avait fait de rapides progrès; on crut prudent de donner au malade les derniers sacrements qu'il reçut avec beaucoup de foi et de piété; quelques instants après, il me faisait appeler pour me confier ses volontés relativement au témoignage de reconnaissance qu'il désirait laisser aux Sœurs de Saint-Joseph et au docteur, me prier de faire dire, par M. le chanoine Lentillon, qui l'assiste, un certain nombre de messes pour le repos de son âme; enfin, d'acquitter les frais de ses funérailles.

M. le vicaire général se trouve toujours dans les mêmes admirables dispositions dont vous parlait ma précédente lettre; après avoir souhaité ardemment de revoir la France et ses amis, il s'est remis si complètement entre les mains de Dieu, qu'il est impossible de découvrir en lui l'ombre même du moindre désir : « Quel sort plus enviable, disait-il, hier soir, que de mourir à Jérusalem, entouré de bons amis, après avoir pu prier une fois au Saint-Sépulcre et au Calvaire » et il ne se lassait pas de répéter : « Que le bon Dieu est bon! »

10 *octobre*. — Aucun changement, sinon une faiblesse

plus grande, n'est survenu dans l'état du cher malade; il s'éteint : l'agonie se prolonge pour augmenter ses mérites et notre édification; nous l'entourons de nos prières, comme on le fait à Paris, afin de lui épargner les terreurs du dernier passage et d'embellir la couronne qui l'attend là-haut.

Je prends une vraie part, Monsieur le chancelier, à la peine sensible que vous causent ces douloureuses nouvelles, et je vous prie d'agréer les sentiments du très profond respect avec lequel j'ai l'honneur d'être,

Votre très humble servante en Notre-Seigneur,

Sœur MARIE-ÉLÉONORE DE SION,
Supérieure.

II

LETTRE DU CONSUL DE FRANCE A JÉRUSALEM, A LA RÉVÉRENDE MÈRE SAINT-LOUIS, SŒUR DE M. PETIT

Consulat de France en Palestine.

Jérusalem, le 17 octobre 1888.

Ma Révérende Mère,

Le télégraphe a dû vous apprendre la perte que vous venez d'éprouver en la personne de M. l'abbé Petit, votre frère.

Si les soins dont M. le vicaire général a été entouré pendant sa maladie et les témoignages de respectueuse sympathie qui ont été prodigués à sa mémoire peuvent être de quelque consolation dans votre douleur, je suis heureux de vous dire qu'ils ont été, de toutes façons, absolument dévoués, spontanés et généreux.

Je vous adresse ci-joint une copie de l'acte de décès de M. l'abbé Petit. Cette pièce, pour être valable en France, doit être revêtue de la légalisation de M. le Ministre des affaires étrangères.

Veuillez agréer, ma Révérende Mère, les assurances de mon profond respect.

Le Consul général de France en Palestine,
LEDOULX.

A la Révérende Mère, sœur Saint-Louis,
à l'Hôtel-Dieu de Laon. (Aisne.)

III

LETTRE DE MÈRE AUDOUARD, SUPÉRIEURE DES SŒURS DE SAINT-JOSEPH DE L'APPARITION A Mme SAINT-LOUIS

Jérusalem, le 18 octobre 1888.

Ma Révérende Mère,

La croix de la séparation vient de s'appesantir sur vos épaules; le Maître a rappelé à lui votre bon et vénéré frère. Oui, celui que nous regardions comme faisant partie de notre communauté, et auquel nous étions si heureuses de prodiguer nos soins, a quitté le lieu d'exil pour s'en aller dans la patrie, où il trouvera la récompense de ses longues souffrances qu'il a supportées si courageusement et avec une patience qui nous a fort édifiées.

Quelle belle mort! Quelle foi! Quel amour! ses dernières paroles ont été des paroles qui ont dû être très agréables au cœur de ce Dieu qu'il a tant aimé. « J'offre ma vie, a-t-il dit, pour la sainte Église, pour la France, pour le diocèse de Paris, pour les familles religieuses dont j'ai été le supérieur; écrivez à ma sœur et dites-lui combien je suis heureux de mourir au Calvaire; dites-lui de se consoler quoique je l'aime bien!... »

Les trois derniers jours qui ont précédé sa mort, il a compris que la récompense ne devait pas tarder et les a passés dans une prière continuelle; toujours il nous répétait : « Que je suis heureux de mourir; je suis à Dieu, je retourne à Dieu; Marie est ma mère, le bon Dieu est mon père, et je sais que là-haut on m'accueillera comme un père accueille son enfant! »

Si les soins pouvaient toujours rendre la santé, il est certain que nous n'aurions pas à pleurer sa perte; mais le Christ qui l'avait appelé à vénérer son tombeau, a voulu l'y couronner, et nous montrer combien il est doux pour une âme juste, de s'endormir dans le Seigneur. Secours spirituels et temporels, rien ne lui a manqué; prêtre et médecin l'ont assisté avec les Sœurs jour et nuit, et Dieu, je puis le dire, l'a bien favorisé!

Les obsèques auxquelles assistaient le patriarche de Jérusalem, le consul de France et tous les différents Ordres religieux de la Ville Sainte, ont eu lieu vendredi matin. Il y a eu grande affluence de personnes, chacun étant heureux de lui donner une dernière marque de son estime, et de l'universelle sympathie qu'il a laissée à Jérusalem.

Ses restes mortels reposent dans la chapelle mortuaire du couvent de Saint-Étienne, au pied des autels, non loin des dépouilles mortelles du R. P. Mathieu.

J'ai cru que ces quelques détails, ma Révérende Mère, ne nuiraient nullement à ceux qu'on doit vous donner; du reste, n'est-ce pas pour moi un pieux devoir à accomplir, et l'exécution du dernier désir de notre cher et vénéré défunt?

Il n'a point été oublié dans nos humbles prières, non

plus que dans celles de nos enfants; ne le regardions-nous pas comme de notre famille religieuse, puisque le bon Dieu ou plutôt sa divine Providence nous l'avait envoyé, pour que nous remplacions près de lui les siens absents.

Veuillez agréer, ma Révérende Mère, l'assurance de ma religieuse et sincère condoléance.

Sœur Germaine Audouard,
Supérieure des Sœurs de Saint-Joseph de l'Apparition.

Nous vous envoyons une adresse qu'il a écrite lui-même dans les derniers jours de sa maladie, et qu'il nous a remise à cette intention.

IV

LETTRE DE LA RÉVÉRENDE MÈRE GERMAINE A Mlle HERMANCE, SERVANTE DE M. PETIT

Jérusalem, le 13 octobre 1888.

Mademoiselle,

Le bon Dieu vient de rappeler à lui le bon et vénéré M. Petit, après une douloureuse maladie, où sa patience et sa résignation ont brillé d'un vif éclat, et nous ont fort édifiées.

Sa mort, arrivée jeudi matin, a été celle des justes et nous a montré combien, à cette heure suprême, il est doux de s'endormir dans le Seigneur. Quelle belle mort! quelle foi! quel amour! Dans sa maladie, il ne vous a point oubliée, Mademoiselle; du reste, il n'a oublié personne et a conservé ses facultés jusqu'au dernier moment.

Ses dernières paroles ont été celle-ci : « Je fais le sacrifice de ma vie pour la France, pour le diocèse de Paris, pour les familles religieuses dont j'ai été le supérieur; que je suis heureux de mourir au Calvaire!... »

Sa mort laissera un profond vide dans votre existence; Mademoiselle, vous étiez si habituée à lui prodiguer vos soins; mais le Maître a jugé que son serviteur avait assez combattu, assez travaillé pour sa gloire, et il l'a appelé à la récompense à deux pas de son tombeau; aussi le cher défunt a-t-il été l'objet des consolations divines que Dieu lui a prodiguées, car, je puis le dire, il a été bien favorisé.

Nous étions si désireuses de le voir recouvrer la santé, que rien n'a été épargné à cet effet; mais les soins les plus attentifs ne peuvent rien quand le Seigneur ne les couronne point de succès et quand l'heure de la récompense est arrivée pour le bon et fidèle serviteur. Ses obsèques ont été le vivant témoignage de la sympathie qu'il s'était acquise de chacun dans la Ville sainte; et, depuis Son Excellence le Patriarche de Jérusalem, le Consul général de France et tous les ordres religieux, jusqu'aux enfants des divers orphelinats, chacun a voulu lui donner une dernière marque de son estime et de sa sympathie.

Je partage bien sincèrement votre douleur, Mademoiselle, et vous prie de croire à ma religieuse condoléance,

Sœur Germaine,

Supérieure des Sœurs de Saint-Joseph de l'Apparition.

V

LETTRE DE L'ABBÉ MOBARAK A M. L'ABBÉ PINET, VICAIRE A SAINT-MERRY

Jérusalem, 13 octobre 1888.

Monsieur l'abbé,

Aussitôt qu'il a reçu la dépêche de Paris, Mgr Debs m'a envoyé auprès de M. Petit pour lui offrir mes services de toutes sortes.

A mon arrivée à Jérusalem, je me dirige vers l'hôpital français et voilà qu'on conduisait le corps de notre cher et vénéré défunt à sa dernière demeure. Ne pouvant offrir à M. Petit mes services matériels, je lui porte le secours de mes prières. J'ai assisté à ses magnifiques funérailles, à l'église des RR. PP. Franciscains et j'ai accompagné son corps jusqu'au lieu de l'enterrement qui s'est fait chez les PP. Franciscains.

M. Petit est mort, jeudi matin, de la mort des justes; il a édifié tout le monde durant sa maladie, et surtout au moment de sa mort. Quelques instants avant de mourir, il demanda à la Sœur qui le soignait : « Combien d'heures ai-je encore à vivre? » La sœur lui répondit : « Une seule heure. » Alors M. Petit poussa un soupir de joie comme pour dire que le temps de sa délivrance était proche; et, en effet, une heure après, son âme s'envola vers le ciel. Notre-Seigneur n'a pas voulu que M. Petit parcourût les lieux de ses souffrances avant de le voir dans sa gloire au ciel. Voilà, Monsieur l'abbé, un grand sujet de consolation pour vous et pour tous les amis et les parents de M. Petit.

Agréez, Monsieur l'abbé, avec l'assurance de mon

profond respect l'expression de mes plus sincères condoléances.

Votre dévoué serviteur en Notre-Seigneur,

L'abbé MOBARAK,
ancien élève de Saint-Sulpice.

P.-S. — Je vous ai envoyé une dépêche vendredi 13 octobre vous annonçant la fâcheuse nouvelle.

VI

LETTRE DU CHANOINE LENTILLON A Mme SAINT-LOUIS

Jérusalem, 15 octobre 1888.

Ma bonne Sœur,

Jeudi dernier, vous avez dû recevoir le télégramme vous annonçant la mort de votre bien-aimé frère. Je ne veux point laisser partir ce courrier sans vous écrire quelques mots, malgré la fatigue que j'éprouve depuis quelques jours.

C'est jeudi 11, à trois heures et demie du matin, que votre frère nous a quittés pour le ciel. Sa maladie a duré près d'un mois, et malgré les soins intelligents et dévoués du docteur de Friès, médecin de l'hôpital français Saint-Louis, à Jérusalem, malgré les soins incessants, dévoués et affectueux des Sœurs Saint-Joseph de l'Apparition desservant l'hôpital, nous n'avons pu l'arracher à la mort. Sa maladie terrible et douloureuse a été supportée avec la plus grande résignation, et ses jours et ses nuits sans sommeil se passaient en prières et en actes de résignation à la volonté divine, pensant à tous, priant pour tous et particulièrement pour vous, ma bonne Sœur. Choisi par lui pour son confesseur, je le voyais trois fois chaque jour; mais depuis le dimanche 11, je ne l'ai plus quitté, ni le jour, ni la nuit, ne m'absentant que pour célébrer et prendre mes repas. Plusieurs fois il a reçu la sainte communion et toujours avec un redoublement de foi et d'amour. Il a conservé ses facultés intellectuelles jusqu'au dernier moment, réglant toutes choses et me fixant ce que je devais faire après sa mort.

« Tant mieux, me disait-il dix minutes avant de mourir, je vais aller me reposer dans le sein de Dieu... le Ciel... le Ciel. » Sa mort a été celle d'un prédestiné, ses funérailles ont été un triomphe, une véritable manifestation religieuse et française; je vous engage à demander à M. Poudroux, vice-chancelier à l'archevêché de Paris, la notice nécrologique que nous avons faite sur les derniers moments de votre bien-aimé frère.

Si vous désirez d'autres détails, je me ferai un devoir de vous les envoyer.

Veuillez agréer, ma bonne Sœur, l'expression de mon profond respect.

F. Lentillon,

Chanoine, aumônier des Sœurs Saint-Joseph de l'Apparition, à Jérusalem.

VII

LETTRE DE LA RÉVÉRENDE MÈRE MARIE-ÉLÉONORE DE SION, A Mme SAINT-LOUIS

Notre-Dame de Sion, Jérusalem, 17 octobre 1888.

Ma bonne et très chère Sœur,

Les relations que la divine Providence a ménagées entre nous, durant ces dernières semaines, m'autorisent à vous adresser, une fois encore, l'expression de mon affectueuse sympathie, et à vous dire toute la part que je prends à l'épreuve douloureuse qui vient de vous frapper.

Je sais que, par les soins de M. le consul général de France, et de M. le chanoine Lentillon, aumônier de l'hôpital Saint-Louis, tous les détails se rattachant aux derniers moments de votre très cher frère, et à la cérémonie de ses funérailles ont été soigneusement consignés pour vous être transmis; ils seront pour vous un dernier souvenir et une grande consolation, car cette âme si pieuse n'a donné ici que la plus constante édification.

Je comprends néanmoins, ma bien chère Sœur, toute la grandeur du sacrifice qui vous a été demandé et je compatis à votre peine avec la plus fraternelle affection, aussi nous ne séparons pas votre nom de celui de votre bon frère, dans les prières que nous adressons à Dieu, demandant à ce Dieu Sauveur d'accorder le bonheur éternel, s'il n'en jouit déjà, au vénéré défunt, et de vous donner aussi les grâces de force et de courage dont vous avez besoin.

La Ville Sainte conservera un particulier souvenir du prêtre éminent que chacun regrette; quant à moi, qui ai eu le bonheur de m'édifier de si près de ses vertus, je ne saurais oublier un si touchant exemple. Le culte pieux dont nous entourerons sa mémoire vous sera, je l'espère, une consolation, et formera entre nous un lien de charité que rien ne saurait rompre.

Je vous renouvelle, ma bien chère Sœur, l'expression de ma profonde sympathie et de mon affectueux dévouement en Notre-Seigneur,

Sœur Marie-Éléonore de Sion,
Supérieure.

VIII

TOMBEAU DE M. PETIT

Dans une lettre datée du 21 novembre 1888, M. le chanoine Lentillon écrivait à Mme Saint-Louis : « En ce moment je m'occupe du mo-
« nument funèbre qui sera placé sur la tombe
« de votre bien-aimé et regretté frère : il sera
« en granit rose poli, d'une architecture sé-
« vère comme la grande crypte où il repose à
« côté de l'autel de la Lapidation de Saint-
« Étienne. Dans trois semaines le monument
« sera érigé et aussitôt un service funèbre,

« très solennel, sera célébré à ce même autel...
« à un pas de sa tombe. Je vous enverrai
« alors une photographie du monument. »

Tout s'est accompli comme l'avait annoncé le vénérable chanoine, on en jugera par l'extrait suivant d'une lettre adressée de Jérusalem à la *Semaine religieuse* de Paris.

Jérusalem, le 19 janvier 1869.

Samedi 22 décembre, nous avons célébré un service pour le repos de l'âme de M. l'abbé Petit, dans la crypte du couvent des Pères Dominicains, à Saint-Étienne. Cette cérémonie avait été forcément remise jusqu'à cette époque, pour permettre au sculpteur d'achever la tombe.

La grand'messe a été célébrée par les Pères Dominicains. Étaient présents : M. Ledoulx, consul général de France, et le personnel du Consulat; toutes les communautés françaises religieuses de Jérusalem, unies comme au jour des obsèques pour rendre un dernier hommage au vicaire général de Paris et au prêtre pieux, dont la maladie et la mort les avaient si profondément édifiées.

Son Exc. Mgr Bracco, retenu par les ordinations de Noël qui avaient lieu ce jour-là, s'était fait représenter. Nous savons tous combien il estimait M. l'abbé Petit, dont il avait apprécié les éminentes qualités, lors des visites qu'il lui a faites dans le cours de sa maladie.

M. l'abbé Petit repose dans un des tombeaux antiques que renferme la crypte du couvent de Saint-Étienne, tout près de l'autel du premier diacre et martyr. Le monument qu'on lui a élevé se compose d'une croix, portée par un socle, et qui ont ensemble environ 2 mètres de hauteur. Il est en pierre rouge du pays, assez semblable au marbre quand elle est polie. On a gravé sur le socle le nom, l'âge et les titres du défunt. La tombe elle-même est recouverte par une dalle de même nature que le monument et est bordée par un cordon de pierre noire de Jéricho. M. l'aumônier de l'hôpital Saint-Louis, qui a assisté M. l'abbé Petit, et par les soins de qui le monument funèbre a été élevé, a eu l'heureuse inspiration de faire graver sur cette dalle ses dernières paroles, qu'aucun pèlerin ne lit sans émotion : « Je donne ma vie pour l'Église, la France, mon Archevêque et les communautés religieuses dont je suis le supérieur. »

TABLE ALPHABÉTIQUE

DES

NOMS CITÉS DANS CE VOLUME

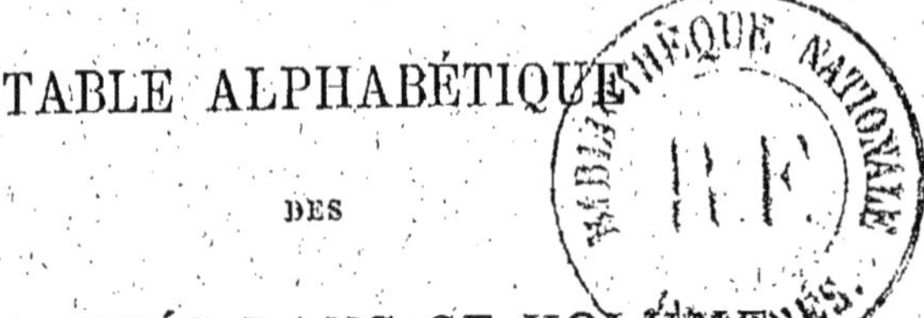

O

P

Q

R

S

T

V

TABLE DES MATIÈRES

(1) M. Peyrade a quitté les bureaux de la Sainte-Enfance, le 1er mai 1887 et non 1877, comme c'est marqué à la page 103.

(1) La tour Saint-Joseph, maison-mère des Petites-Sœurs, est dans le diocèse de Rennes et non de Reims, comme on l'a imprimé à la page 197.

PARIS. — E. DE SOYE ET FILS, IMPR., 18, R. DES FOSSÉS-S.-JACQUES.

www.ingramcontent.com/pod-product-compliance
Ingram Content Group UK Ltd.
Pitfield, Milton Keynes, MK11 3LW, UK
UKHW020129220726
13923UKWH00001B/73